<u>*ACCESO GRATIS*</u> ***a la Lectura en la Nube***

Para visualizar el libro electrónico en la nube de lectura envíe junto a su nombre y apellidos una fotografía del código de barras situado en la contraportada del libro y otra del ticket de compra a la dirección:

ebooktirant@tirant.com

En un máximo de 72 horas laborales le enviaremos el código de acceso con sus instrucciones.

Bolívar y Manuelita, una pasión histórica

2ª Edición

Procedimiento de selección de originales, ver página web:

www.tirant.net/index.php/editorial/procedimiento-de-seleccion-de-originales

Alberto Abello

Bolívar y Manuelita, una pasión histórica

2ª Edición

tirant humanidades
Bogotá D.C., 2024

Abello, Alberto, autor.
Bolívar y manuelita, una pasión histórica / Alberto Abello. -- Segunda edición. -- Bogotá: Tirant Humanidades, 2024.

204 páginas: ilustraciones.
ISBN: 978-84-1183-669-2

1. Bolívar, Simón, 1783-1830 -- Relaciones con mujeres. 2. Sáenz, Manuela, 1798-1856 -- Relaciones con hombres. 3. América Latina -- Historia. 4. América Latina -- Historia -- Guerras de independencia, 1806-1830. I. Título.

LC: F2235.3 CDD: 352.23092 ed. 23

Catalogación en publicación de la Biblioteca Carlos Gaviria Díaz

© TIRANT LO BLANCH
EDITA: TIRANT HUMANIDADES
Calle 11 # 2-16 (Bogotá D.C.)
Telf.: 4660171
Email: tlb@tirant.com
Librería virtual: www.tirant.com/co/
ISBN: 978-84-1183-669-2

Si tiene alguna queja o sugerencia, envíenos un mail a: *atencioncliente@tirant.com*. En caso de no ser atendida su sugerencia, por favor, lea en *www.tirant.net/index.php/empresa/politicas-de-empresa* nuestro procedimiento de quejas.

Responsabilidad Social Corporativa: *http://www.tirant.net/Docs/RSCTirant.pdf*

Índice

Preámbulo

En el presente escrito se incluyen textos sobre los hechos en los que participan Simón Bolívar y Manuelita Sáenz, los cuales son fáciles de observar desde distinta óptica, como el que contempla una obra de arte desde múltiples ángulos que aportan luces y sombras que contribuyen a entender mejor esa relación de amor itinerante, pasión e intrigas políticas que singulariza a esta pareja en la historia Universal con luz propia.

Por tanto, no requieren de recursos literarios ni exageración, sus hechos por sí mismos brillan y captan la atención de las sucesivas generaciones.

Algunos de los biógrafos de Bolívar pasan de largo y omiten el influjo de Manuelita en el gran hombre, otros quieren reducir su papel a asuntos domésticos, unos reniegan del aporte de la quiteña en la política, cuando lo más apropiado es dejar que el lector conozca sus hazañas y rutinas, amores y disputas, para formar su propia opinión. Por eso, al final de este texto, publicamos un conjunto de valiosas cartas apasionadas, alegres, viscerales, cómplices y elocuentes que se cruzaron los amantes en distintos momentos de su relación, para que cada quien pueda penetrar en la peculiar intimidad y la interesante mentalidad de esos dos seres sensibles y excepcionales, agitados por el entorno de las luchas de poder y las conveniencias sociales imperantes.

Simón Bolívar, como un sonámbulo vive bajo la obsesión de seguir el rumbo de la gloria. Manuelita, lo admira y se la juega por proteger a su amado en medio de las tormentas que los agitan.

Al seguir la cronología de los pasos del Libertador a partir del año 1822 cuando se produce el famoso encuentro con Manuelita Sáenz en Quito, el héroe es el astro de América que brilla por la gloria de las armas, de lo político y la diplomacia. El mundo civilizado está pendiente de sus actos y la multitud le sigue embelesada. Al mismo tiempo que libera los pueblos va a gobernar varias naciones y dar la vida a la República de Bolivia.

El Libertador invita a los gobiernos de México, Perú, Chile y Buenos Aires a formar una confederación. Su presencia es suficiente para disolver los partidos e imponerse en Lima, Bogotá, Quito, Caracas y en cualquier lugar de América que pisa.

Las manifestaciones espontáneas de solidaridad, que recibe en la región y los caminos que recorre en pro de la libertad, son apoteósicas y habrían hecho enrojecer de envidia a un emperador romano. Solo le falta una gran mujer para compartir su magno destino.

Las hazañas de Bolívar en todos los campos, su esfuerzo casi sobrehumano por derrotar al más grande imperio de su tiempo, apenas tiene comparación con los hechos de los más destacados héroes de la antigüedad. Se calcula que en sus viajes por tierra, ríos y mares recorrió aproximadamente más de 120.000 kilómetros, como para dar tres veces la vuelta a la tierra, frente a Aníbal que recorrió 6.000, Alejandro 18.000 y Napoleón 37.000.

Por el ímpetu de sus luchas y la dimensión de los espacios donde libra las batallas nos recuerda a Alejandro, tiene de César la voluntad de mando y el don de reformador, sutil y visionario como Napoleón, se diferencian por el nepotismo del gran corso y la generosidad desmedida de Bolívar. Mas todos en la diversidad del medio y la acción están unidos por la grandeza. Para Briceño: "Solo Bolívar aparece fuerte en la adversidad, y si no tiene modelos en el pasado, probable es que no tenga tampoco imitadores en el porvenir". (Papel periódico ilustrado, agosto 6 de 1881).

El gran poeta Heredia, al cantarle y rendirle tributo escribe:

¡Numen restaurador! ¿Qué gloria humana?
Puede igualar a tu sublime gloria.
¡Oh Bolívar divino!
Tu nombre diamantino
Rechazará las olas con que el tiempo
Sepulta de los reyes la memoria;
Y de tu siglo al recorrer la historia
Las razas venideras
Con estupor profundo
Tu genio admirará, tu ardor triunfante,
Viéndote sostener, sublime atlante,
La independencia y libertad de un mundo.
1827. José María Heredia

En la aciaga noche septembrina, cuando por poco asesinan a Bolívar en Bogotá, de no ser por el arrojo suicida de Manuelita que se interpuso entre los conjurados y le dio tiempo de saltar por una ventana de su residencia oficial, tuvo el gran hombre una trágica impresión de la ingratitud y vileza de un puñado de sus contemporáneos, como también pasó por uno de los momentos más conmovedores de su vida, tal como lo cuenta José María, su repostero:

"Tres horas pasó el Libertador en aquel sitio, (escondido en el barranco debajo del puente del Carmen) abstraído en inútiles cavilaciones, ignorando el desenlace del drama que ocurría y el temeroso de la suerte que hubiese cabido a sus amigos, pues infería con sobrada razón que él solo no debía ser perseguido, cuando se oyeron gritos repetidos de ¡Viva el Libertador! Y se sintió un tropel de jinetes que subían a todo galope por las orillas del río San Agustín con dirección al puente del Carmen".

"José María (que lo acompañaba en el trance) creyó distinguir voces de algún amigo y se resolvió a trepar a la calle, para cerciorarse sin comprometer la vida del Libertador. No se engañó el abnegado repostero; agazapado, detrás de una piedra, reconoció entre los de la patrulla, encabezada por los generales Pedro Alcántara Herrán y José María Ortega, la voz del comandante Ramón Espina, a cuyas órdenes iban sus compañeros en busca de Bolívar.

–¡Viva el Libertador! –gritó José María repetidas veces fuera de sí, con toda la efusión de su alma–.

–¡Viva, Viva, Viva! –le contestó el grupo de jinetes, que ya había conocido a José María.

–¿El Libertador? –¿Dónde está el Libertador? –preguntaron aquellos con ansiedad.

–Vive para la patria y sus amigos –contestó el Libertador al salir del antro en que se hallaba.

Bolívar montó en el caballo que le cedió el comandante Espina y se dirigió a la Plazuela de San Agustín por el mismo camino que habían recorrido los que le encontraron debajo del puente, en medio del pelotón de caballería.

En aquella ocasión se ofreció a Bolívar una de aquellas ovaciones que serían capaces de aniquilar el organismo y hacer estallar el corazón en el pecho, si se prolongasen".

"La muchedumbre que se hallaba reunida en la plaza principal, poseída de lúgubres presentimientos por la vida del Libertador, alcanzó a oír, sin poderse precisar de dónde, los vítores que daban los compañeros de Bolívar: esto bastó para que se formasen aglomeraciones de gente, ávida de cerciorarse de la increíble buena nueva, que se encaminaron hacia las bocacalles del sur de la plaza.

Las cuatro de la mañana del día 26 serían cuando se sintió en la plaza como el fragor que producen las avalanchas que arrastran las aguas en los torrentes desbordados; era el confuso tumulto, que se acercaba por la calle de Santa Clara, hoy carrera 8a, conduciendo en el centro al Libertador, que no podía distinguirse porque la indecisa claridad de la luna no lo permitía.

Entonces se precipitó al encuentro del grupo, en cuyo centro venía Bolívar, una gran masa de población, que se hallaba llena de ansiedad, congregada en la plaza, produciéndose así violento choque entre los que llegaban y los que salían a recibirlos, comparable al de encrespadas olas que, al estrellarse contra las rocas de la playa, se disuelven espumosas sobre la masa del océano.

No tenemos palabra para expresar el efecto que produjo en aquella multitud delirante la certidumbre de que el Libertador no había muerto, como se temía; cada uno quería ser el primero en palpar, estrechar entre sus brazos y besar la mano del Padre de la Patria; y como la pretensión era imposible de realizar, se produjeron escenas de verdadero pugilato, en medio de gritos inarticulados y frases ardorosas de amor incondicional hacia Bolívar y de odio y venganza contra los temerarios conspiradores.

No era menos amenazante el ejército formado en la plaza en actitud defensiva, pero resuelto a escarmentar a quienquiera que diese la más insignificante señal de hostilidad contra el Libertador.

Fue tal la confusión que reinó en la plaza con la llegada de Bolívar, que en el pavimento quedaron muchas prendas del vestido como despojos del incruento combate librado entre los circunstantes con el afán de ofrecer su tributo de cariño al héroe, que era su ídolo en aquellos momentos":

"Ante el clamor de aquellas solemnes manifestaciones de los habitantes de la capital, el Libertador permaneció como si estuviese anonadado por las diversas contrarias emociones que conmovieron su espíritu. En efecto, en el transcurso de cuatro horas, Bolívar experimentó la cruel expectativa de caer en los misterios de la muerte, y recuperó el poder conducido a su alcázar en brazos de todo un pueblo, como era costumbre de hacerlo entre los galos, cuando alzaban a sus caudillos sobre sus escudos en señal de obediencia y gratitud.".

"En aquellos momentos de frenético entusiasmo Bolívar se mantuvo callado, se entregó a los que le cercaban, presa de convulsivos sollozos, precursores de abundantes lágrimas, que rodaban por sus mejillas. Ya se percibían los primeros vislumbres de la aurora, cuando el Libertador volvió a su palacio, donde se habían tomado las precauciones necesarias para su seguridad personal".

No menciona en esa parte de la narración el señor José María Cordovez Moure, igual que no figura en el parte oficial sobre el atentado, el nombre de la Libertadora del Libertador Manuelita. Sobre la grandeza de Bolívar en ese momento basta saber que a una seña suya habrían rodado las cabezas de todos los conjurados incluidos la del general Santander, quién tras reunirse numerosas veces con los conjurados, esa noche se había acostado muy previsor en casa de su cuñado el oficial venezolano Pedro Briceño Méndez, funcionario de confianza del gobernante.

La primera reacción del caudillo fue perdonarlos, después, presionado por sus oficiales y la opinión pública, se resuelve de acuerdo a las ordenanzas castrenses hacerles un juicio, donde se les brindan plenas garantías procesales a los conjurados. Se necesitaría la pluma de William Shakespeare, que traza la relación de César y Cleopatra, para narrar y revivir esos momentos cruciales y dramáticos de las vidas de Bolívar y Manuelita, fundidos en un gran amor en medio del crujir de la Gran Colombia y la desventura de la crudelísima enfermedad que ya minaba el organismo del Padre de la Patria.

Capítulo I.

LA CUNA DE MANUELITA SÁENZ. LAZOS CON LA CASA VALENCIA DE POPAYÁN. ASCENSO DE SIMÓN SÁENZ Y SUS AMORES OTOÑALES. MARÍA DE AISPURU. LA VIDA COTIDIANA EN QUITO. LAS MEMORIAS DE DUCOUDRAY HOLSTEIN. LOS MANTUANOS DE VENEZUELA. CONTRASTES ENTRE BOGOTÁ, CARACAS Y QUITO. EL CONDE DE SEGUR. EL SINO REVOLUCIONARIO. LA CHISPA DE LA REVOLUCIÓN EN QUITO. EL PRECURSOR SANTA CRUZ Y ESPEJO. LA FRONDA ARISTOCRÁTICA.

En 1797, en la apacible ciudad de Quito, viene al mundo Manuela Sáenz, en esta esquina del Imperio Español en América, en donde el clero tiene gran influencia, la ciudad está situada a 2.800 metros sobre el nivel del mar y se destaca por sus pomposos templos que rivalizan en lujo, como el de San Francisco y el de la Compañía de Jesús, ambos con ricos decorados en oro puro y en plata en sus altares. Las casas de las clases altas son cómodas y sobrias, con balcones que dan a las calles empedradas y jardines interiores con fuentes y flores durante todo el año. La presencia del clero en la vida de la ciudad flota en el ambiente, por la cantidad de conventos y comunidades religiosas donde se encuentran elementos de las diversas clases sociales.

Los grupos sociales dominantes locales se distinguen por una cierta propensión a la intriga, al secreto, los duelos implacables y medio clandestinos por el poder, en tanto mantienen en su exterior una apariencia de agua mansa y tranquila, de la que solo se conocen sus corrientes tormentosas al sumergirse en el abismo delas consejas y ambiciones.

Quito desconcierta al forastero; al que no está al tanto de los antagonismos, ambiciones y partidos lugareños en feroz y permanente afán de predominio, riqueza, placeres y honores.

Don Simón Sáenz de Vergara y su esposa Juana María son forasteros; el primero viene de la zona vasca de España y es un típico representante de la voluntad, altivez y recio temple de su raza. Llegan a Quito procedentes de Popayán, donde la casa Valencia, a la que pertenece la señora, es influyente y poderosa.

Por influjo de los Valencia y las distintas ramas de la aristocrática familia con ascendencia en el Virreinato de la Nueva Granada y en la Corte de Madrid, don Simón consigue un destino en Quito, gracias a la generosidad del capitán Luis Antonio Muñoz de Guzmán. No sin un gran esfuerzo e intrigas de toda índole, pues al principio el presidente de la Real Audiencia, Antonio Moni Velarde, se negó a ceder a las presiones de los Valencia.

Pronto los quiteños se acostumbran a reconocer a don Simón, que se destaca como primer Alcalde Ordinario de la población. Poco importa que corran rumores sobre fraude en la elección; todo no podía quedar al azar de las pretensiones familiares. Don Simón es de los que no vacila en forzar a la fortuna. A los pocos años será nombrado en el cargo de Regidor perpetuo, alto honor que lo consagra entre los miembros de la élite de la ciudad. Su vertiginoso ascenso le gana amigos y la solidaridad, así como el odio acerbo de la prestigiosa casa del marqués de Selva Alegre, que no gusta del chapetón. De esos encuentros que le depararán no pocas amarguras posteriores a él y a su familia, incluso a Manuelita Sáenz, la hermosa hija que tiene el próspero vasco de su aventura extraconyugal con una bella dama española de la vecindad.

Algunos autores criollos se asombran de estos pecados del amor y de la carne, suponiendo que en la colonia no existieron y que nuestras élites no tenían tiempo para esas aventuras, y resulta que gran parte de su vida la dedican en amar y ser amados. Lo mismo ocurría en la Corte de Madrid, donde se llega a dudar en tiempos del valido príncipe de Godoy, sobre la verdadera paternidad de los vástagos de la casa real.

Por eso, no es de rasgarse las vestiduras con los amores adulterinos de don Simón, fatigado de la aburrida rutina casera y que encuentra en la bella y linajuda quiteña hija de españoles María de Aispuru, el amor otoñal que le hace vibrar como en juveniles años que se fueron en España y gozar de una vida que hasta ese momento estuvo consagrada a los empleos y a conquistar ventajas sociales para su familia.

María de Aizpuru es la amante que ni ensueños imaginó ganar, seductora, distinguida, rica, inteligente, alegre y graciosa. Muy diferente a la gruñona payanesa que lo acompaña toda la vida, cuya disciplina y rígidas costumbres hacen que el hogar, al que ya se suman varios esclavos y sirvientes, funcione con la severa rutina y frialdad de un cuartel. Cuenta la crónica que don Simón se transformó con esos amores; su semblante, su andar, hasta la voz cobra renovado ímpetu. Era como si hubiese vuelto a nacer. Para María de Aizpuru, esos amores fueron un drama espantoso por la censura del círculo familiar y sus amigos.

Las habladurías, los desengaños, la presión social y la frustración de no poder retener permanentemente a su lado al hombre de sus amores. La evidencia fatal en su vientre. Mas el instinto maternal y de supervivencia de la especie les da a ciertas mujeres en esas circunstancias una fuerza y un amor entrañable, en ocasiones casi enfermizo, por la criatura que será su continuación en el mundo. La altiva María de Aizpuru es de esas mujeres de sangre española que entre más dura sea la suerte, más se aferra a su estirpe y los suyos. Así de grande será la pasión por su hija. Esos sentimientos que debieron luchar entre sí, hoy resultan difíciles de entender con la existencia del divorcio. En ese entonces algunos debían convivir con el otro en la casa por largos y agobiadores años, convertido el hogar, no pocas veces, en una frialdad hiriente sin alegría ni risas, cercado como por un velo invisible de tristeza cuyo influjo llegaba hasta los niños que no sabían la razón del ambiente tan adusto.

Se sabe que no transcurre mucho tiempo de la llegada a este mundo de la hija de los dos enamorados, que eran la comidilla diaria de Quito, cuando un espantoso terremoto sacudió la ciudad de los campanarios. Varios pueblos vecinos fueron sepultados de Quito a Popayán, que distaba 15 días a caballo.

El templo del Carmen se derrumbó sobre el convento y se descubrieron varios cadáveres de niños inocentes; frutos del pecado, protegidos de la curiosidad del vulgo por la iglesia, donde las diarias letanías y los responsos ahogan la natural algarabía.

LA VIDA COTIDIANA

De las memorias del general Ducoudray Holstein es el siguiente pasaje, que hace referencia a la vida cotidiana, los contrastes, los usos y costumbres en Caracas y Bogotá que, en síntesis, no difieren mucho en la colonia de los de Quito. Dice el famoso general:

> "Las familias mantuanas se dividían en Venezuela, como los grandes de España, en dos categorías: sangre azul, sangre mezclada, para señalar las distinciones de nacimiento. La sangre azul designaba las familias criollas más opulentas, descendientes de los primeros conquistadores establecidos definitivamente en el país y cuyos hijos, nacidos allí, se suceden de generación en generación. Los de sangre mezclada eran posteriores, con alguna alianza española o francesa."
>
> "Era común entre los mantuanos que un joven se casara al salir del colegio. Sus padres se consultaban entre ellos a fin de escogerle la compañera de su vida, fijándose particularmente en el nacimiento, el rango, la fortuna, las conexiones familiares, tal como se acostumbra en la nobleza europea. Todo convenido con los padres de la futura esposa, que a la edad de doce años era desposada con un joven de dieciséis o de menos. Era un caso común que las edades de una pareja solo sumaran treinta años. Conozco una hermosa joven mantuana que a los dieciocho años tenía siete hijos, todos vivos. Otra, que no había pasado de los 27, tenía una hija de 16 que se hubiera tomado por una hermana suya. Sin ninguna experiencia, ignorando cuál

debiera ser su conducta, una pareja así se veía abrumada por las obligaciones domésticas y por la adulación ajena, y con una servidumbre numerosa, inclinada a aprovecharse de las circunstancias. No teniendo oportunidad de formarse su propio juicio, personal y recíproco, los jóvenes se imaginaban que estaban enamorados porque sus padres se lo habían dicho así.

Al principio todo era dicha y alegría, pero no tardaban en descubrir sus defectos y en sentir un cierto vacío que solía derivar en mutua falta de interés. De las disputas iniciales pasaban a las pendencias. Terminando por despreciarse; el marido entretenía sus caprichos en otra parte; la mujer buscaba consuelo en otros medios y seguían así, en caminos separados."

Por el contrario, a diferencia de Caracas y Quito, los matrimonios, según el mismo Ducoudray Holstein, en Bogotá no se realizan a edad temprana. Las familias son más unidas y felices, sin tanto aparato y alarde, hay más orden y más hogares con más solidez en sus bienes. Reciben a los extranjeros con menos melindre que en Caracas y con más cordialidad.

Una familia rica y distinguida rara vez gasta en Bogotá el total de sus ingresos anuales; los mantuanos, en cambio se apresuran a dilapidarlos y se endeudan.

En el mundo mantuano, el comportamiento de las personas casadas produce, en general, pernicioso efecto entre sus hijos que deben conocer las irregularidades del padre y las intrigas de la madre.

Aún antes de su madurez física y moral, los niños saben de vicios que a su edad desconocerían en otros países; y los que hay debido a sus excesos, han perdido el vigor en una época en que otros comienzan a gozar de la vida.

"Allá no era extraño qué en presencia de su marido, una dama fuese felicitada por haber cambiado de amante. Con igual desenfado el marido habla de su querida. En esos países las fiestas y los días feriados ofrecen oportunidad para intrigas entre ambos sexos. Muchas declaraciones apasionadas, verbales y escritas se hacen en iglesias y capillas.

Entre la clerecía de Caracas —como en la de Quito— los canónicos se distinguían por sus riquezas y algunos por su libertinaje. Hasta los monjes y los frailes solían tener sus queridas.

De costumbre, un intendente o mayordomo estaba a cargo de la mansión mantuana, con una servidumbre de ambos sexos a sus órdenes. Tanto el señor como las señoras consideraban impropio de su dignidad entrometerse en los asuntos domésticos y los confiaban al mayordomo que los manejaba a su gusto. Si necesitaban dinero, tanto el señor como las señoras lo pedían al mayordomo que con el tiempo se enriquecía hasta prestar con interés a su propio señor, haciéndole suponer que se servía de su personal propiedad. El autor de Gil Blas de Santillana no exageró la pintura que hizo de los dichos intendentes, lo mismo que de virreyes en las Américas, de su lujo, de su corrupción, etc.

Nada más descuidado que la educación de las jóvenes. Medianamente se les enseña a leer y a escribir, lo mismo que música y danza. Tocar guitarra, hacer labor de aguja y vestirse eran sus favoritas ocupaciones. Los cuidados de la casa estaban muy debajo de la dignidad de una mantuana y la hubieran cubierto de ridículo; de modo que se ocupaba de pequeños bordados y en la lectura de fábulas o libros devotos, cuando no se hallaba en la iglesia, en las visitas o en el baile".

Según el mismo cronista, no difiere sustancialmente la educación de las criollas en el resto del continente, ni en los establecimientos laicos más las educadas por monjas en sus maneras son más suaves y reservadas. La licencia del ambiente es grande, tanto como la discreción de los amantes. La bogotana es más dada a la cocina y goza preparando pasteles y confituras. Existe un manejo más ordenado de la economía familiar, lo mismo que en Quito.

El conde de Segur hace el retrato de la vida galante en la Caracas prerrevolucionaria de 1783, cuando disfrutó de los alegres saraos con un grupo de aristócratas franceses que visitaron la ciudad. El relata las gratas e íntimas veladas, animadas por las bellas y graciosas caraqueñas que sabían tocar el piano con largos y ágiles dedos. Las que a la luz de la luna acrecentaban su hermosura y sus ojos brillaban incitantes o se desdibujaban en lánguidos recuerdos. La alegría y la sensualidad sin par de la caraqueña, de blancos y aperlados dientes y la chispa y el gracejo a flor de labios, la hacía irresistible y capaz de pasiones que hacen temblar al soldado más valiente.

Comenta con nostalgia el conde de Segur:

> "Mis compañeros de viaje han recordado por mucho tiempo a Belina Aríztiguieta, y a su hermana Panchita, Rosa, Teresa. En cuanto a mí, me sorprendió la semejanza increíble de una de estas jóvenes llamada Rafaela Hermeleginda, con la condesa Julia de Polinac."

En seguida llama a Caracas valle paradisiaco, para el cual el cielo se ha mostrado tan pródigo, en especial por los dones del sexo femenino, que, en los bailes, con el ritmo de las castañuelas, de los acordes de las guitarras y los acentos de sus lindas voces, hace pensar en el nirvana de los árabes. Es curioso que referencias similares, años más tarde, induce a distintos viajeros que pasan por Quito y no se cansan de elogiar la calidad de sus mujeres y la gracia que las adorna. Eso tiene interés, pues Bolívar, como lo han dicho diversos escritores, quizás sólo amó con locura a tres mujeres que fueron decisivas en su vida: su esposa y las otras dos sobre las que influyó y lo influyeron en el vivac de la guerra y el usufructo del poder: La aristocrática caraqueña Pepita Machado y la memorable Manuelita Sáenz, hija de españoles, hermoso ejemplar de su raza en América.

¿Qué tenían en común estas dos mujeres, fuera de su talento y de sentirse poseídas, prendadas hasta la médula de los huesos por el Bolívar Libertador, caudillo y hombre?

¿Por qué no fueron otras, de otros lugares, las que atraparon el corazón de este Casanova redentor de pueblos? ¿Puede decirse que ambas damas al contacto con Bolívar, casi de inmediato causan un choque biológico en el gran hombre, al establecer una unión de presagios atávicos, que le revive recuerdos perdidos de la niñez, de su propia madre, de sus bellas parientes las Aristiguieta, las Palacios y de su esposa? Por ellas, todo lo arriesga; y siente ese fuego que lo consume en dos etapas muy diversas de la vida: La primavera con Pepita y el otoño y el invierno con Manuelita. Por ellas con esa vida azarosa y de relámpago por la que cruza casi sin detenerse a pensar sobre su propio destino, se hace más humano y sin dejar de ser el guerrero infatigable, pasa a ser el servidor más obsecuente del bello sexo.

EL SINO REVOLUCIONARIO

Curiosa, misteriosa, esa ciudad de Quito, cercada por volcanes que a diario lanzan efluvios que cubren de ceniza los alrededores, siempre bajo el temor de una erupción que con su lava ardiente se lleve a la población: ¿Quién iba a pensar que fuera allí donde brotara la primera chispa separatista y revolucionaria, contra el Imperio Español? ¿Por qué no fue primero en Caracas, donde Francisco de Miranda sembró ideas de libertad? ¿Ni en Santa Fe de Bogotá, cuna de las desventuras de Antonio Nariño? Tampoco en Lima, en donde el culto Pablo de Olavide escandaliza a los suyos con sus audaces ideas y derroches.

Tenía que ser Quito, la tierra de Manuela Sáenz, la que tuviese la primogenitura de la revolución, en donde el clero y la nobleza local mantienen un influjo denso sobre la población civil y el obraje.

Una ciudad con cuatro quebradas, numerosas iglesias y 30.000 almas de las cuales una minoría es blanca, cuyos mayores escándalos son los amores clandestinos al estilo tormentoso de don Simón Sáenz, por cuanto al ser negociados los matrimonios por conveniencias familiares, apenas por azar entre jovencitos se da el verdadero amor y por fuera se prodigan las pasiones. En fin, todo parece indicar por estar cercada la ciudad por dos poderosos virreinatos y nada la señalaba para jugar un papel histórico de tal trascendencia. Mucho menos si recordamos que con Pasto la aguerrida ciudad realista vecina, se distinguen por la industria primorosa de hacer cristos e imágenes religiosas, que se venden a beatos y peregrinos.

Es del caso observar que a pesar de su aislamiento y de la lejanía de la metrópoli, Quito no fue olvidada por el espíritu de la ilustración que se apodera de la España borbónica. La vida intelectual de Quito llegó a superar, si se quiere, a la de Santa Fe y Caracas, especialmente con la llegada en los finales de siglo XVIII de una expedición científica franco-española que tenía por finalidad reconocer sus riquezas y medir el meridiano terrestre.

En esa expedición, entre otros, figuraron sabios de la talla de la Condomine, Jusieu, Bouger, Godin, Sienergues, Berguin, Jorge Juan y Antonio de Ulloa, con un ejército de técnicos dibujantes y letrados. Al respecto, el sabio granadino Francisco José de Caldas, que estuvo en la ciudad con Alejandro Von Humboldt y con Bompland, dejó un testimonio elocuente:

> "Yo no acabo de admirar cómo ha podido venir tanto libro bueno a esa ciudad; apenas hay particular que no los tenga, y libros que no les he podido ver en Santa Fe los he hallado aquí."

Además, a Quito arriba como ayudante de un fraile un mestizo peruano, posiblemente en 1747, con un título de médico conquistado a los 20 años y una inteligencia que habría de deslumbrar y dominar el círculo aristocrático de la ciudad. Se trata de nada menos que de don Francisco Javier Eugenio Santa Cruz y Espejo, que como precursor de la independencia merece un puesto al lado de Miranda y de Nariño. (Algunos eruditos como Antonio Cacua Prada sostienen que Santa Cruz no era médico. También dudan del mismo título atribuido por la historia oficial al doctor Thorne).

El doctor Santa Cruz y Espejo no se conformaba con ser el más piadoso de los médicos humanitarios y desinteresados de Quito: su curiosidad intelectual lo lleva a estudiar derecho y a sumergirse literalmente en la cultura de su época.

Fuera de estudiar, como él mismo lo confiesa, muy cuidadosamente "el conocimiento de los hombres". Lo cierto es que Santa Cruz y Espejó, como Miranda, Nariño y Olavide, no tienen una producción intelectual original, es un converso casi fanático del espíritu racionalista de su tiempo impregnado de la enciclopedia y la ilustración. Sin que en el campo contrario se encuentre una respuesta intelectual de alguna originalidad, fundamentada en trescientos años ininterrumpidos de estudio de la teología en América. Ese es un hecho histórico preocupante en los anales de nuestras ideas políticas.

La originalidad de Santa Cruz y Espejo no está en la teoría, pese a la abrumadora cantidad de libros que alcanzó a devorar impulsado por la insaciable curiosidad intelectual: él es un innovador por la admirable capacidad que tiene de influir en los demás y llevar a la praxis sus ideas.

Se sabe que dirigía una especie de logia revolucionaria, que inculcó a la rancia nobleza quiteña la vocación de continuar el espíritu de la ilustración promoviendo reformas desde el poder, para lo que había de tomarlo por la fuerza si era preciso. Por eso, en Quito aparecieron inesperadamente algunos carteles que incitaban a la rebelión en el año de 1794.

Al terremoto causado por la convocatoria revolucionaria se sucedió una nerviosa y meticulosa investigación de las autoridades españolas que revolvieron la ciudad buscando a los autores de la ofensiva incitación. Una carta comprometedora que invitaba a participar en la conjura perdió a Santa Cruz y Espejo: al poco tiempo es encarcelado y encerrado en una mazmorra. Su frágil salud apenas le permite sobrevivir un par de meses. Muere el 26 o 27 de diciembre de ese año.

La muerte de Santa Cruz y Espejo retarda la revolución unos años hasta cuando aletargada por la represión, da frutos en 1809. Un sector de la nobleza y del clero levanta la bandera revolucionaria del patriota inmolado, aprovechando que el Rey de España sigue preso y sometidos sus dominios europeos a la dura bota napoleónica. Al imitar las agitaciones populares de la Península se pretende formar una junta de gobierno provisional.

El centro de la conspiración es el marqués de Selva Alegre, Juan Pío Montúfar, conjurado con varios de los más destacados discípulos de Santa Cruz y Espejo: el cura José Riofrío, el capitán Juan Salinas, Juan de Dios Morales, oriundo de Antioquía, exsecretario de la presidencia, y Manuel Rodríguez de Quiroga, vicerrector de la Universidad.

Las filtraciones del complot desencadenan numerosos arrestos y juicios que sirven de propaganda a la causa. La conjura sigue en las propias narices de las autoridades. Los complotados se reúnen en la casa de la quiteña doña Manuela Cañizares, cuyo amante está en la conspiración. Se compone una junta con el marqués de Selva Alegre (presidente), el obispo José Cuero y Caicedo (vicepresidente), y los doctores Juan de Dios Morales, Manuel Quiroga y Juan Larrea, ministro de Estado. Se dispuso tomar por asalto el cuartel de infantería, que alberga a unos 170 hombres. Los cuarteles se rindieron, de seguro, por la oportuna infiltración entre sus efectivos. De facto se redacta un oficio dirigido al conde Ruiz de Castilla, donde le dan el trato de expresidente, quien se entregó sin lucha y quedó preso en el propio palacio de Gobierno.

Quito amaneció el 10 de agosto teóricamente independiente. El marqués de Selva Alegre con la hipocresía política del caso, similar a la que después se conoció en los pronunciamientos del resto de América, proclamó: "Con la sinceridad propia de americanos españoles: viva nuestro legitimo Rey y señor natural don Fernando VII, y consérvese a costa de nuestra sangre esta preciosa porción de nuestros vastos dominios, libre de la opresión tiránica de Bonaparte". En otros documentos los conjurados declaraban que desaparecía el despotismo y bajaban de los cielos la justicia y la razón.

También proclamaban la autonomía gubernativa sin los españoles europeos, exactamente como lo había proclamado Santa Cruz y Espejo.

Capítulo II

LA REVOLUCIÓN DE 1805. REVOLUCIÓN Y CONTRAREVOLUCIÓN. LA CAÍDA DEL MARQUÉS DE SELVA ALEGRE. EL MAQUIAVÉLICO CONDE RUIZ DEL CASTILLO. LA PENA CAPITAL. LA HIJA DE LA REVOLUCIÓN. LA REPRESIÓN REALISTA. EL HOGAR Y EL CONVENTO. LA FUGA. EL CONTRASTE CON BOLÍVAR. LA VIDA EN EUROPA. LOS PLACERES Y EL CAMBIO. BOLÍVAR EN SAN MATEO. MANUELITA EN LIMA. ÉXITO SOCIAL. SAN MARTÍN CONDECORA A MANUELITA.

La revolución de 1809 duró escasos 80 días, que a los quiteños les parecen siglos. Fue una revolución de estirpe conservadora, en cuanto el marqués de Selva Alegre propugnaba por una monarquía constitucional de corte inglés, similar a la que ya había propugnado Aranda sin éxito en Madrid y que habría prolongado la duración del imperio español en América. La revolución sucumbió al no encontrar eco en la provincia ni en los poderosos virreinatos de Lima y Santa Fe. La contrarrevolución se organizó desde ambas capitales contra la pequeña población. Desde Popayán partieron tropas para atacar por el norte; desde Cuenca avanzó Melchor Aymerich, y de Guayaquil salieron los efectivos al mando de Bartolomé Cucalón. Después llegaron más fuerzas desde Lima y Santa Fe que atacaron por todas las partes a los rebeldes; la insolidaridad americana fue absoluta. Las proclamas pidiendo a los pueblos que se levanten contra la tiranía cayeron en el vacío y se produjo un mortal silencio, mientras eran desbaratados los ejércitos de Quito y cercada la ciudad. Acosados por el hambre 30.000 quiteños se rindieron, el 12 de octubre renuncia a su cargo el marqués de Selva Alegre y al día siguiente entra a caballo con el ensordecedor ruido de los cascos y cornetas la contrarrevolución, la encabeza con vistoso uniforme militar, el antes depuesto presidente conde Ruiz del Castillo, precedido del clero, miembros del cabildo, oficiales y varias hileras de soldados portando los estandartes del Rey y el águila heráldica.

A las conciliadoras palabras del conde Ruiz del Castillo con insinuaciones de perdón y olvido, se sucedió la línea dura y la más cruel represión de los insurrectos. Los detenidos aumentan día a día. Un bando condenó a la pena de muerte a los que protegieran o callaran sobre el paradero de los rebeldes fugitivos. Los fiscales pidieron la pena capital y el proceso pasó a consulta del virrey Amar y Borbón de Santa Fe. La represión sería feroz. Hubo tal cadena de depredaciones, asaltos y crímenes, incluso violaciones, que esta vez, el pueblo reaccionó con un levantamiento popular. La insurrección de Quito figura en los anales americanos del heroísmo. Las iglesias tocaron a arrebato; los frailes imprecaron contra los peninsulares; por todas las calles de la ciudad aparecieron las gentes con palos, cuchillos y armas caseras, al asalto de las prisiones: se intentó liberar a los cabecillas de la anterior revuelta. Los realistas opusieron valiente resistencia y en el cuartel real, mientras se combatía a los amotinados, se procedió indiscriminadamente a asesinar a los jefes patriotas. El número de víctimas ascendió a 72 y algunos sucumbieron a manos de un zambo realista que los degolló con un hacha. Las tropas salieron a las calles a enfrentar un pueblo parapetado casa por casa, que se defendía con piedras. La mortandad fue espantosa. La matanza dura dos horas, cuando el obispo Cuero y Caicedo con sus ornamentos sacerdotales y una custodia aparece entre los bandos y logra parar la refriega. La revuelta fue aplastada, pero el aguerrido levantamiento anima y contagia a toda la América, conmovida hasta el delirio por las noticias de Quito.

La victoria de los peninsulares apenas sobrevive 48 horas. Mediante negociaciones con el clero se pacta la retirada de las tropas españolas y se acepta la incorporación de efectivos locales para mantener el orden, mientras salen de la ciudad los represores más sanguinarios. Es la consecuencia de una contienda que tenía los visos singulares de una guerra civil, donde, no pocas veces, los contendores cambiaban de bando, lo mismo que las simpatías populares. Para conformar la nueva Junta se acuerda respetar el equilibrio de fuerzas y se nombra como presidente al conde realista Ruiz del Castillo y al marqués de Selva Alegre como vicepresidente. Esa junta se conforma el 26 de septiembre de 1810. El frágil equilibrio dependería de la evolución de los acontecimientos en los virreinatos vecinos de Lima y Santa Fe, que durante toda la contienda van a oscilar a posiciones extremas entre patriotas y realistas, hasta la aparición de Simón Bolívar como libertador de estos pueblos y artífice de las nuevas repúblicas.

LA HIJA DE LA REVOLUCIÓN

En medio del torbellino revolucionario que sacude a Quito, sin comprender todavía la trascendencia de los sucesos, transcurre la niñez de Manuelita Sáenz y Aispuru. Sabemos que su mejor amiga y compañera de juegos infantiles será su fiel esclava Jonatás, a la que se suma Nathán. De cuando en cuando su madre la deja ir a la casa de don Simón Sáenz a jugar con sus hermanos, por un singular entendimiento entre las familias. En sus juegos solía hacer el papel de capitana, y representó en alguna obra de teatro a Julieta.

La fogosa pasión de don Simón se va enfriando en la medida en que el objeto de sus apetencias se escurre como un pez, centrada la atención de la madre en el afecto y la educación de la hija. El veterano funcionario se retira discretamente, tal como había llegado; sin mucho ruido. Su orgullo herido le impide dar trascendencia a las calabazas. Prefiere dedicar nuevamente toda la atención a sus ambiciones, toma parte activa en la contrarrevolución y se destaca entre los mayores adictos de la corona.

Durante la revuelta, don Simón Sáenz da con sus huesos en una mazmorra; duros fueron esos días de la prisión del padre para la niña. Es cierto, por solidaridad, a la madre, le ha tomado cierta inquina al progenitor, sin dejar de quererlo, le duele saber que está engrillado y que puede ser eliminado en cualquier momento, así, con su madre, ella comparta la simpatía por los patriotas. La familia está dividida como sucede en una guerra civil que todo lo compromete, hasta el hogar. Padres contra hijos, hermanos contra hermanos, lucha fratricida y cruel que dejará el Imperio español en ruinas para ser la partera de numerosas repúblicas. A pesar de no contar la familia con el respaldo del marqués de Selva Alegre, por rivalidades burocráticas con don Simón, las relaciones con los marqueses de Solanda, de Villa Orellana y de Miraflores, que apoyan decididamente la revolución, hacen que madre e hija figuren por derecho en la fronda aristocrática independentista de Quito. La suerte está echada.

La represión realista afecta al círculo familiar y de amigos de Manuela y acecha peligrosamente. La madre y Manuela deben huir de Quito, dejar la casona familiar y seguir para la finca de Catahuango. La estancia allí será fundamental en su vida: en el campo se hace una amazona, se desarrolla vigorosamente, domina las rudas faenas de los curtidos trabajadores. Su piel se broncea al sol y sus músculos se afirman. Se convierte en una joven de felinas condiciones físicas que resaltan sus atractivos, en los que dominan unos ojos que se iluminan con la coquetería.

La madre se preocupa por enseñar a Manuela los primeros conocimientos, pero es necesario educarla en forma. Por fin, decide, no sin cierto dolor, llevarla al convento de Santa Catalina, regido por su tía.

Mientras la juventud de Manuela transcurre en relativa calma, al amparo de los muros de la casa hogareña o los del convento, la guerra sigue atroz e implacable. Su padre, arruinado, no logra embarcar de regreso a España, y de nuevo, con las tropas realistas se destaca en el combate por restaurar la legitimidad monárquica. Junto con él está su hermana Josefa de Manzanos, que brilla como heroína realista en la batalla de la Mocha, lo que le merece ser condecorada por el rey. El coraje de la familia es notorio en ambos bandos.

En el convento las jovencitas de alcurnia gozan de ciertos privilegios y comodidades; las costumbres son un tanto relajadas. Algunas chicas internadas contra su voluntad se las ingenian para mantener informes del exterior y valiosos contactos. Las monjas les dan un barniz de cultura general, prácticas piadosas y labores manuales, mientras que las que no tienen vocación religiosa se obsesionan con el mundo que se encuentra tras las altas paredes del convento: se entrenan en los bailes de moda, se hacen confidencias sobre sus escaramuzas galantes y añoran, secretamente, ser seducidas o seducir. Entre estas está Manuelita, con sus ardientes 17 años, esa hermosura tentadora que hará descocar a tantos hombres y cuya fama traspasará las fronteras.

En medio del caos la familia retorna a la estabilidad. El padre se recupera económicamente y la madre recibe otra herencia. Una de sus tías casada con un oidor se destaca socialmente en la corte de Madrid; sus parientes políticos, los Campo Larrahondo de la casa Valencia, se la juegan toda por la libertad en Popayán.

Los domingos las internas del convento van a misa y tienen la oportunidad de ver de lejos a sus galanes. Pronto se corre la voz de que la más guapa del convento es Manuela Sáenz; sus admiradores rondan el claustro. El más entusiasta es el oficial realista Fausto D'Elhuyar. Su padre figura como reputado científico. Por amistad con la familia de Manuela le es relativamente fácil acercarse al campo almenado donde se encuentra la dama de sus sueños. La fiel Jonatán será la encargada de hacer de Celestina. Es un bravo amor de soldado y una joven ilusa reprimida en un convento sin la menor vocación religiosa. El oficial representa para el bello sexo, la liberación dé un mundo que rechaza y que hasta ese momento había tolerado, pero que a la primera oportunidad abandonará. El audaz D'Elhuyar será su pasaporte al futuro. La salida del convento no necesita escaleras, ni de forzar puertas, cadenas y cerrojos. Ni su galán llega a caballo para rescatarla. No todo lo calculan fríamente en los meses de noviazgo; y el día convenido sale Manuelita muy tranquila con un permiso de la superiora. Y simplemente no vuelve jamás. Es una ruptura brutal con el pasado, ignorante del mañana. Ahora irá a grupas de la aventura, que dura muy poco tiempo, pese a dejar huella imperecedera. Parece que la madre la entendió y la socorrió antes de tener que soportar penosas desventuras. Manuelita se negaría a hablar de ese episodio; castiga a su amante con el olvido. Él con su psicología de cuartel, se ufana de la hazaña, pero en su acento se percibe cierta amargura. Algunos piensan que no sabía tocar el arpa como para hacerla feliz. Era un tanto torpe para ser un buen Casanova, iniciador en los secretos del placer y demasiado impaciente para conformarse con el papel de Don Juan, terminaría siendo un paréntesis fatal en la vida de la adorable quiteña... Esa aventura la prepara para ser la hazañosa y audaz Manuelita de la historia. Corrieron rumores que en vano intento D'Elhuyar reanudar en Lima sus devaneos con la bella quiteña.

La familia se preocupa de arreglar el asunto a su manera. Lo primero encontrarle un buen marido que sacie su sed de amor y salve su reputación. La búsqueda los lleva en 1816 hasta un médico prestigioso que pasó por Panamá de buena presencia y con una sólida fortuna: el inglés Jaime Thorne. No faltan autores que niegan esa condición de galeno. Este queda prendado con la despampanante Manuela y con su flema inglesa toma con humor lo de la aventura con el soldadito. En su fuero interno piensa domar a la fierecilla y lo estimulante que será ese matrimonio. El "de" en Quito como en muchas otras partes en esa época, era tan importante para la mujer como un título heráldico. Alimenta la vanidad y sirve para acallar un pasado no tan santo y dejar con la boca abierta a las solteronas y los malquerientes. Será la esposa de Thorne; sin entusiasmo y sin ganas. Por la posición social de Manuela, el matrimonio se realiza en Lima el 27 de junio de 1817, con gran pompa y festejos. Son tres días de fiesta con música, canciones y guitarras. Es un acontecimiento social de campanillas. Al bailar la contra danza y sentirse rodeada de tantas caras amigas y alegres, debió pensar en un futuro agrio y sin amor para toda su vida, sin que su semblante siempre sonriente y altivo denotara la menor vacilación. Las damas de la vida galante tienen el don de sonreír, así en lo interno estén destrozadas.

El trascurrir hogareño entre estos seres tan distintos, será, necesariamente, rutinario y respetuoso. Ambos se dan su lugar y saben a qué atenerse. El tratará de hacerse amar y seducirla: vano empeño. Entre más se acerca, más los separa el hielo del desamor. No existe entre los dos esa química amorosa que allana todos los obstáculos y que une a los seres como un solo metal. Es inevitable que Manuela sufra su destino y que se sienta tan prisionera como cuando estaba en el convento. Le parece que la fatalidad la persigue y la abruma. Además, es estéril y no tendrá el consuelo de un hijo; como que cada día muere un poco en la comodidad de ese hogar donde nada material falta, pero donde existe una pasión unilateral no correspondida. Para esa joven destinada a brillar en el mundo eso era como llevar un cilicio en el corazón.

EL CONTRASTE CON BOLÍVAR

Mientras Manuelita en su juventud huye de un convento con un oficial a lo Romeo y Julieta, para después casarse sin amor con un inglés por llenar las apariencias y formar un hogar, la vida de Bolívar en Caracas esta signada por la temprana orfandad: la crianza en libertad con los ensayos románticos de Simón Rodríguez, que pretendía hacer de Bolívar un sabio e inventor; los viajes a Europa, con un gran esfuerzo formativo en Madrid, donde por ascendiente familiar ingresa a la Corte para sufrir el impacto de la decadencia y superficialidad reinantes. En esa ambiente llega a dudar de los grandes hombres, al tropezar con el mundo real con tantos egoístas y pequeños burócratas encumbrados por el simple nacimiento, la casualidad o la intriga. A su vez sometidos a validos aún más mediocres que sus subalternos, pero que hacen fortuna como favoritos en las alcobas de la corte.

Al mismo tiempo disfruta de las amistades de su tío Palacios en Madrid y de su gran amigo Manuel Mayo, quien figura en el círculo íntimo de la reina de España. Este último, nacido en Popayán, goza de los favores de la reina, cuando ella por temporadas se aleja de Godoy, un conocedor de los secretos de la Corte. En 1800 el joven disfruta como aristócrata caraqueño de las mejores amistades en Madrid, como de las fiestas y socializa con diversas damas, sin que lo llene del todo la vida disipada, menos cuando se entera que buena parte de esos gastos son financiados por él y que del fondo que le maneja su tío han salido 37.000 reales... Nada indica que por entonces estuviese contra la Corona —es un joven de mundo que entiende de aventuras galantes en los diversos círculos sociales— ni que pretendiera trabajar por la independencia de Venezuela, lo cierto es que goza a sus anchas a España. Entonces, aparece en su vida y de manera providencial, su pariente el marqués de Ustáriz. Así, que se va a vivir a su lujosa residencia en la calle Atocha N°. 1 de Madrid, donde éste comparte su mayor tesoro, la biblioteca, con el inteligente jovencito que se gana su afecto y atención.

Será en París donde lo sorprende y asimila la dimensión exacta de la grandeza, al estar presente en la coronación de Napoleón, emperador de 27 años. Pero también la vida europea marca a Bolívar para siempre. Suya es una carta de 1805, publicada en París en 1826, en la que confiesa sus grandes ansiedades y presagios, en ella sostiene que:

> "Todo lo que me obliga a pensar en mí, aunque sea diez minutos, me fatiga la cabeza obligándome a dejar la pluma o la conversación para tomar el aire en la ventana. Respecto al pobre chico Bolívar, de Bilbao, tan modesto, tan estudioso, tan económico, manifestándonos la diferencia que existe con el Bolívar de la calle Vivienne, ¿murmurador, perezoso y pródigo? ¡Ah, Teresa, ¿mujer imprudente, a la que no obstante no puedo imponeros de este secreto?".

Después comenta sobre el abatimiento que lo desgarra y el deseo que tuvo de no seguir viviendo hasta que Simón Rodríguez le confesó que era millonario. Ese es un secreto. Que podía dedicarse a mil actividades distintas al amor; si lo quiere, luchar por la libertad de su pueblo. "No os pintaré —continúa Bolívar— la impresión que me hizo esas palabras: ¡Tener actualmente cuatro millones! Tan extensa y difusa como en nuestra lengua española es, como todas las otras, impotente para explicar tales emociones. Lo que yo sentía era sobrehumano."

Bolívar emplea su dinero en placeres y en la misma carta declara que, como su maestro no aprobaba el uso que hacía de su fortuna:

> "Desde entonces me atrevo a confesarlo: sus reconvenciones me molestaban y me obligaron a abandonar Viena para libertarme de ellas. Me dirigí a Londres, donde gasté ciento cincuenta mil francos en tres meses. Me fui después a Madrid, donde sostuve un tren de príncipe. Hice lo mismo en Lisboa. En fin, en todas partes ostento el mayor lujo y prodigo el oro a la simple apariencia de los placeres."
>
> "Fastidiado de las grandes ciudades que he visitado vuelvo a París con la esperanza de hallar lo que no he encontrado en ninguna parte: un género de vida que me convenga; pero, Teresa, yo no soy un hombre como todos los demás, y París no es el lugar que pueda poner término a la vaga incertidumbre de que estoy atormentado. Sólo hace tres semanas que he llegado aquí y ya estoy aburrido".
>
> "Ved aquí, mi amiga, todo lo que tenía que deciros del tiempo pasado; el presente no existe para mí; es un vacío completo donde no puedo hacer un deseo que deje alguna huella grabada en mi memoria. Será el desierto de mi vida... Apenas tengo un ligero capricho, lo satisfago al instante; y lo que yo creo un deseo, cuando lo poseo, sólo es un objeto de disgusto. Los continuos cambios que son el fruto de la casualidad, ¿reanimaran, acaso mi vida? Lo ignoro, pero si sucede esto, volveré a caer en el estado de consunción de que me había sacado Rodríguez al anun-

ciarme mis cuatro millones. Sin embargo, no creáis que me rompo la cabeza en malas conjeturas sobre el porvenir. Únicamente los locos se ocupan en estas quiméricas combinaciones".

Tenemos aquí pintado por su propia mano, un Bolívar en París embriagado por la ruleta de los placeres y los caprichos. Nada es exagerado en su narración, que es lo más sorprendente. Pues el mismo reconoce, casi sin darse cuenta, que no es un hombre como todos los demás. Los viajeros caraqueños que lo vieron en París por esos años, quedaron perplejos al encontrarlo pálido, demacrado, con grandes ojeras. Poseído de una febril ansiedad y de lo que ahora denominan angustia existencial. Él gozó, sin duda, de todos los placeres que le podía proporcionar París a un hombre de su generosidad. En los momentos de esparcimiento y en plena guerra con los oficiales de Estado Mayor, meciéndose en la hamaca mientras restañaban las heridas de la guerra, les hacía confidencias sobre las emocionantes noches amenizadas con música, y burbujeante champaña en el Palais Royal. Entonces recordaba animado los rostros y los cuerpos de las más bellas, exaltando los encantos de cada una como un Marcel Proust, relatando, no las experiencias de otros, sino las vividas intensamente por él mismo.

Lo que conmueve de este gran hombre atrapado por la noche alegre de París, de Londres, de Madrid o Lisboa, es su mística conversión espiritual a una sola mujer, la sobrina de su gran amigo el marqués de Toro. Su amor fue correspondido y jamás pudo olvidar ese paréntesis de paz hogareña en su vida, casi tan efímero como la tormentosa aventura al escapar del convento de Manuela, de la que ella no quiso hablar ni a sus amistades ni a la posteridad. El amor lo sacó del libertinaje en la desoladora nada. Por caminos opuestos Bolívar y Manuelita encuentran la desventura. Van a salir del naufragio espiritual por la guerra, que no se interesa en sus pesares y los reclama para un grande y proceloso destino.

Se destaca Simón Bolívar, desde su adolescencia precoz, por la atracción natural que siente por el bello sexo al que admira y del que busca de alguna manera rescatar el hondo vació que deja a los 9 años la pérdida de su madre, Concepción Palacios, una dama excepcional por su talento, carácter y elegancia, que maneja sus negocios y haciendas con suma energía y positivos resultados, a la que admira en extremo por lo que, al quedar huérfano, padece el eclipse de su entorno afectivo. Por naturaleza es fino, galante y delicado con las damas, sin importar su clase, edad o condición, joven, bella, rubia o morena, las admira a todas. El solo hecho que existan y su feminidad le recuerdan a su adorada madre. Las muchas jóvenes con las que compartió el afecto y estrecha en sus brazos, no alcanzan a llenar del todo el invisible altar afectivo en el que situaba a quien lo trajo al mundo, más lo impulsan a seguir su destino. Casi todas son atraídas por su hechizo varonil. No es de sorprender que siendo un niño se prendara en Méjico de la Juera Rodríguez, cinco años mayor que él y perseguida por la Inquisición, quien le seduce y lo habría iniciado en los secretos del arte del amor brujo.

El amor por la madrileña María Teresa Rodríguez del Toro, se explica, en parte, por cuanto le parecía que su madre había renacido en ella, con su piel sedosa y sus ojuelo brillantes y dulces, la amaba y la respetaba con locura, quiso hacerla su esposa casi desde el primer día que la conoce. Se declara hechizado por su dulzura y feminidad, como si fuese la otra mitad anunciada por Platón. Sería la dama con la que compartiría su vida y le edificaría un altar en una de sus haciendas, donde vivirían por siempre aislados y ajenos al mundanal ruido, arrullados por sus nobles y cálidos sentimientos.

Nada pudo hacer la aristocrática familia por enfriar los sentimientos de Simón, deben ceder al amor adolescente de ambos. Se casan el 26 de mayo de 1802 en Madrid y viajan a Venezuela, para formar hogar en la hacienda de San Mateo preciosa tierra, con su antigua casa solariega, donde mantuvo antes de la revolución 1.500 esclavos. Ama a Teresa con tierna dulzura y frenética pasión, hasta que lo que parecía una eterna novela primaveral de amor puro, deriva en tragedia y una fiebre tropical se la lleva a unos pocos meses de residir en Venezuela. Un Simón desolado, jura no volverse a casar y casi muere de mal de amores.

MANUELITA EN LIMA

Por el esplendor de sus fiestas, el lujo, la curiosidad intelectual, la vida mundana. Ella la pasa de fiesta en fiesta, de visita en visita, de ceremonia en ceremonia, en un interminable trato no exento de soledad y fugaces devaneos con el otro sexo. Lima era entonces una de las ciudades más preciadas e importantes del imperio español, con prestigiosa academia, universidad, viajeros y noticias de todo el mundo. El talento de Manuela, el buen gusto, sus alegres recepciones y calidad humana le ganan el corazón de todos. Domina por su seguridad y la intuición del momento; le gusta destacarse, participar y llamar la atención es parte de su coquetería natural, sin que por eso sea una mujer fácil. Dicen los expertos que por esas calendas ningún hombre se le resistiría. Es graciosa y guapa bailarina. Al compás del vals, con los vinos y el estímulo de la noche, brilla como una diosa a la luz de las velas reflejadas en las lámparas y cristales. Es dueña de sí misma y del gracioso desenfado que resalta la sangre española. Ya no está para ser seducida. Ha logrado esa posición, rara vez alcanzada por otras mujeres, de escoger al capricho, sin resbalar por la pendiente. Al contrario, con el que no gusta puede transformarse en fortaleza inexpugnable capaz de hacer sufrir al más osado. Cuenta la crónica que eran muy pocas las rivales dignas de su encanto; apenas su amiga Rosita Campuzano, nacida en Guayaquil y que sería la domadora del general San Martín en Lima. Es un hecho singular y que habla por sí mismo de la mujer ecuatoriana, que tres bellas de ese país se apoderan del corazón de los grandes de la independencia de América: Bolívar, San Martín y Sucre, casado con la marquesa de Solanda.

La vida de Manuelita en Lima compensa sus tribulaciones interiores con el éxito social. Es posible que entre mayor sea el vacío de sus sentimientos más le agrade figurar y rodearse de gentes amigas. Sin que esa vida mundana —como a Bolívar la noche de París— consiga mitigar sus ansiedades.

Apenas el arrullo del Rimac hace más grata su estancia, pero la zozobra interior se mantiene. Ni la llegada de su hermano, en ese entonces oficial realista, logra cicatrizar sus heridas de mujer insatisfecha. Si bien la presencia del apuesto oficial la hace más apetecida, le facilita los movimientos y los predispone a la admiración.

La figuración de Manuela en Lima no se eclipsa con la llegada de los ejércitos del general San Martín. Pronto figura en todas las fiestas de importancia y por su gran amiga Campuzano, enamorada oculta del argentino, está en el entorno del prócer. El general estaba agradecido con Manuelita por su intervención sagaz y oportuna, que determinó que el Batallón Numancia, al que pertenecía su hermano, se pasara a las fuerzas independentistas. En 1822, San Martín en nombre del gobierno del Perú, la condecora con la Orden del Sol:

> "Por su varonil denuedo y bélico entusiasmo, no menos que por su belleza, talento cultivado y maneras no comunes". Para celebrar ese preciado honor su gran amiga Rosita Campuzano la invita a su casa de la calle de San Marcelo, punto de encuentro de las más bellas e interesantes de la ciudad".

Reunión a la que asistieron otras distinguidas damas que fueron condecoradas, como las condesas de San Isidro y la de la Vega y las marquesas de Torre Tagle, Casa Coza, Castellón y Casa Muñoz. El inesperado y merecido homenaje produjo en Manuelita una satisfacción inmensa y le abre las puertas ingresar por lo alto al mundo de la política, reafirmándola en su decisión de luchar por la independencia. En ese momento las tropas de San Martín languidecen en Lima, víctimas de los placeres y la abundancia de dinero repartido a manos llenas entre los soldados que gastan tiempo precioso en la capital. Muy pronto perderán el apoyo del gobierno de Buenos Aires, y las posibilidades de liberar el país por sí solos se esfuman. San Martín reacciona y envía a dos de sus mejores generales a combatir a los realistas, Tristán y Gamarra.

Ambos serán vergonzosamente derrotados. Triunfan Canterac y La Serna.

Viene la contrarrevolución realista que pone en serios apuros a San Martín.

Manuelita, de 25 años, recibe la visita de su padre en Lima y al regreso de éste a Quito, resuelve acompañarlo en el viaje para ver a su madre y a otros familiares y amigos. Ese año de 1822, es clave en su vida y en la de Bolívar.

Capítulo III

MANUELITA Y BOLÍVAR SE CONOCEN EN QUITO. NACE UN GRAN AMOR. LA RESISTENCIA EN PASTO. LA BATALLA DE PICHINCHA. EL CAUDILLO. EN LA CUMBRE DE LA GLORIA. LA LUCHA DE GUAYAQUIL. LA ENTREVISTA DE LOS LIBERTADORES. LA INTERPRETACIÓN DE INDALECIO LIÉVANO. INTERVENCIÓN DE MANUELITA CONTRA LOS AMOTINADOS DE QUITO. EL CONGRESO EN BOGOTÁ CERCENA LOS PODERES DE BOLÍVAR. LA CONSEJERA FIEL. SE REVELA BUSTAMANTE. EL DUDOSO PROCEDER DE SANTANDER. LA NEFASTA NOCHE SEPTEMBRINA. EL DESENCUENTRO DE SUCRE EN VENEZUELA. UNA CARTA DE AMOR.

Mientras Manuelita avanza por polvorientos caminos hacia Quito, Bolívar ya se ha cubierto de gloria liberando a Venezuela y en las diversas batallas de la libertad de la Nueva Granada. Podía quedarse tranquilo en Bogotá, regresar a Caracas o crear una nueva capital en la frontera que fuese el centro vital de una gran nación. Sopesa esa alternativa después de la batalla de Boyacá y resuelve dejar a otros el disfrute del poder y las responsabilidades administrativas.

Él no descansará ni un día mientras en América quedan restos de colonialismo español. Así que la Gran Colombia, que se une por su voluntad en torno suyo y cuya capital no es como Roma, más bien una aldea situada en el Tíbet sabanero, que ni siquiera asimila a los héroes de la independencia y lucha instintivamente por recuperar el sosiego y aislamiento pueblerino de los tiempos en los cuales se regía por las normas españolas. En Bogotá adoran a Bolívar, más no entienden del todo su gesta libertadora continental. Sin contar que su ausencia por años, aleja a los políticos y mercaderes de la unidad concebida por el héroe, facilitando el predominio de los caciques políticos y militares.

Por ese tiempo ya comienza a aburrirse de la melindrosa Bernardina y de otras aventuras en tierras granadinas. Al paso que Sucre avanza por tierra y mar al Ecuador, él intenta atravesar los temidos dominios de los Pastos, donde su ejército es diezmado por las enfermedades, las viruelas, las amibas, las fiebres y la metralla de los aguerridos realistas de la región. Bolívar en Popayán se demora organizando el ejército, fabricando balas (pues las facilitadas por Bogotá eran de un calibre inapropiado), herrando las bestias, entrenando y refrescando hombres y animales para atravesar zonas desérticas, selváticas, montañosas y pantanos peligrosos. En la noche estudia la geografía regional y se graba de memoria el tamaño y la diversidad del territorio hasta Quito y Perú.

Pierde tiempo, hombres, pertrechos y recursos acosado por los aguerridos pastusos. La lucha por Pasto era inevitable desde el punto de vista estratégico por ser la puerta del Ecuador, en cierta forma del Perú y por supuesto de la Nueva Granada. No descansa hasta someter al santuario realista en América, aún a costa de crueles retaliaciones que un día lo comprometen a él, a Sucre y otros generales. No vacilará en empujar a unos cuantos prisioneros al Guaítara, en reflexionar y estudiar la posibilidad de desarraigarlos de su tierra y trasladarlos en masa a las zonas cálidas de Maracaibo.

Todo es posible con tal de dominarlos y extirpar ese obstáculo entre la libertad y el resto del continente, la Nueva Granada y Venezuela. Para someter a los pastusos consigue seducir al sanguinario guerrillero realista José María Obando, interesado en rescatar el botín que esconde en la zona dominada por los patriotas. Así que para congraciarse con el Libertador se dispone a traicionar al indomable caudillo monárquico Agualongo, un valiente que prefirió ser fusilado a desertar de las filas realistas. Agualongo, por su valor, lealtad y legendario sentido del honor, recibió póstumamente el título de general de los ejércitos del Rey. En Bomboná, más que una corona de laurel, recibe Bolívar una corona de espinas por el costo enorme de esa batalla. Él mismo reconocerá que difícilmente se encuentran soldados más fanáticos y decididos que los realistas de Pasto.

BATALLA DE PICHINCHA

Sucre, que combate en Ecuador, triunfa militar y diplomáticamente; además de encontrar a la dama de sus sueños en Latacunga, la marquesa de Solanda, Mariana Carcelén y Larrea, atractiva jovencita de 17 años. Los quiteños relatan todavía como si fuera hoy la aparición de Sucre en medio de la neblina que rodea el volcán de Pichincha y cómo, mientras al amanecer se van despejando las montañas, aparece ante la conmovida ciudad el general con las tropas patriotas. Un desplazamiento al norte en las faldas cercanas a la ciudad determina el impulso realista para evitar la maniobra. La artillería abre fuego con sus cañones sobre Sucre. La batalla es visualizada por una población conmovida y estupefacta que contiene el aliento. El batallón Paya se enfrenta a los realistas. Son las 9:30 de la mañana. El batallón peruano Trujillo, a las órdenes del general Santa Cruz, acude en apoyo de los patriotas para cortar el avance realista. La posición sigue en peligro y debe acudir al batallón "Piura" para evitar el inminente desplome del frente. La lucha es encarnizada y las bayonetas cuerpo a cuerpo hacen estragos; un gran charco de sangre se extiende en ambos bandos. Los reclutas patriotas entran en pánico y salen corriendo del campo de batalla. El que más corre es el comandante Villa, un argentino. También el "Trujillo", sin su comandante, retrocede en desorden. La batalla parece perdida.

Es aquí donde se agiganta el genio de la guerra en Sucre, cuando Santacruz, creyendo irremediablemente perdida la batalla, huye a uña de caballo como alma que lleva el diablo y Lavalle escapa con sus bravos Granaderos y Cazadores. Sucre, ordena cargar con el batallón Paya. Es el batallón de élite más experimentado de las fuerzas patriotas, que se lanza a pie firme y cae con sus bayonetas sobre el corazón del enemigo. El empuje de esos valientes es como un choque de trenes que paraliza el avance realista.

En ese momento crucial aparecen las compañías del Albión que custodian los bagajes y los ingleses se baten con heroísmo aniquilando la punta de lanza de los combatientes realistas. Eso da el tiempo para que el brioso Córdova pueda definir con su potencia intrépida, para junto con El Albión poner en fuga a los realistas. La batalla termina a las 12:30 del día, cubriendo de gloria a Sucre y sus soldados. Los quiteños, que siguen el singular combate en la cumbre desde la ciudad, casi no lo podían creer. Al poco tiempo O'Leary, por órdenes de Sucre, les dio un ultimátum a las tropas acantonadas en la ciudad para que se rindieran.

El general Aymerich aceptó la capitulación para el día siguiente. La entrada de las tropas libertadoras de Sucre a Quito fue una apoteosis indescriptible. Él jubilo y la alegría estremecen la ciudad; las gentes reían y lloraban al tiempo. Todos se sentían partícipes de un hecho histórico que cambiaría para siempre el curso de la historia con la libertad del Ecuador. La población alborozada se confunde en una fiesta, que parecía mover hasta a los paralíticos. Las murgas recorrían las calles dando vivas a la libertad. Las mujeres a pie y a caballo se pasean conmovidas, aferradas a los salvadores. Narra la leyenda que después del Tedeum, Manuelita Sáenz fue presentada a Sucre y desde ese momento nació esa amistad que los uniría para siempre y que se acrecentaría por los amores de ella con Bolívar. Los festejos populares siguen por varios días, a la espera de celebrar la victoria con el Libertador Simón Bolívar en persona.

EL CAUDILLO

El hombre que se dirige victorioso a lomo de mula en dirección a Quito, de penetrante mirada que traiciona sus pensamientos, tez morena, frente alta, surcada de arrugas, nariz recta, labios sensuales, tiene una voluntad tan sólo comparable a la de los conquistadores españoles que descubrieron el Nuevo Mundo y una inteligencia que deslumbra a todos. Ha sido teórico de la revolución; el Robespierre de Caracas, cuando debió despachar al otro mundo con una orden suya a 1.253 realistas españoles y canarios. Como militar es una suerte de Napoleón, que contrasta con el francés, por su voluntad de libertar a los pueblos. Un estadista creador de naciones. Su poder ha sido inmenso y quizás mayor que el del Corzo. En la etapa de su primera dictadura en Caracas acompañado de su altiva compañera sentimental Josefina Machado, representó él solo todos los poderes públicos, atendiendo a las leyes, las finanzas, la guerra, la política interior y exterior. Asaltado por Boves en San Mateo, la hacienda de sus mayores, y derrotado en La Puerta, asediada Caracas y sometida Venezuela a sangre y fuego por esa espantosa versión de Atila, de milagro salvó la vida para llegar con Mariño, el otro dictador de Oriente a Cartagena. En el exilio demostrará sus grandes dotes políticas, su capacidad como conductor militar y se forjará como un caudillo original en América; el único que sobre la marcha hace una propuesta independentista y con un modelo de Estado como lo esboza en el Manifiesto en Cartagena, donde se aparta del radicalismo afrancesado de la época para plantear la necesidad imperiosa del centralismo político y una suerte de república democrática y autoritaria.

Bolívar es por entonces una leyenda viva; es el azote de los realistas que cruza triunfante los Andes; que no conoce un día de tregua en su carrera, que gobierna sobre la marcha y desde su corcel imparte instrucciones que parecen salidas del gabinete de un consejo de sabios. Tiene un estilo propio y unas maneras aristocráticas que son imitadas por cuantos le rodean. Así no falten los que en público lo adulen y en secreto discrepen o lo envidien y lleguen a alimentar con el tiempo un odio visceral en su contra. Sus discursos y proclamas aún hoy ejercen influjo sobre la política americana.

Para llegar a esa cumbre de la gloria debió enfrentar no solamente a los realistas españoles y criollos, vencer la naturaleza y poner a prueba su salud y también sufrir la oposición de muchos como el cartagenero y coronel Manuel del Castillo y Rada; poner sitio a Bogotá; fusilar a Piar sin degradarlo; someter a su voluntad a Mariño, Páez Santander y a todos aquellos que envidian tanto poder acumulado en un solo hombre. Las complicaciones que tuvo en Cartagena con Castillo, determinan que le ponga sitio a la ciudad amurallada, contraviniendo órdenes de sitiar a Santa Marta, más por el tamaño del parque que había en Cartagena, era preciso unir fuerzas para tomarse Santa Marta. Si Castillo lo hubiese entendido, quizá se habría frustrado la posibilidad del sitio de Cartagena por Morillo No todos captan la magia de su talento, su recia personalidad, don de mando, como su audacia, más la reconocida habilidad política en el manejo de las ideas y los hombres. Aprendió a forjar soldados de la nada y crear estados, parlamentos, gabinetes ministeriales, darle forma a los materiales toscos que encontraba a su paso, vida a nuevas formas de expresión popular, inflamando de respetabilidad las instituciones y siendo reconocido su genio en todas partes del mundo. En Caracas ya había sido recibido como emperador romano por doce bellas niñas que tiran de su carruaje, en Santa Fe ocurre algo similar y en todas partes provoca espontáneo frenesí.

ENCUENTRO EN QUITO

La llegada del Libertador a Quito el 16 de junio de 1822 deriva en un espectáculo inolvidable. Entra en medio de aplausos, banderas, vivas y arcos triunfales. Desde los balcones de las casas las damas le lanzan flores. La multitud se engalana con sus mejores galas y joyas para recibir al héroe. La niña María Arboleda le ofrece coronarlo públicamente y él rechaza la corona de oro con broche de diamante, por entender que correspondía al vencedor de Pichincha. La niña lo coronó con una de laurel. El gesto hizo estallar al público en atronadores aplausos.

Desde uno de los balcones de la Plaza Mayor, Manuelita, extasiada, espera ansiosa al Libertador; lo contempla con alegría contagiosa. El general en su caballo blanco, trasciende exultante de satisfacción y gloria. Ese momento tan espectacular en la vida de Bolívar y de los quiteños estremece a la entusiasta jovencita, quien se identifica con el general victorioso y lo hace suyo en la imaginería romántica. Manuela emocionada, al paso del héroe le lanza una corona de laureles con buena puntería. El soldado alza la vista y por unos instantes sus ojos se confunden en una mirada interrogante y prometedora. No necesitan ningún otro recurso para entenderse. Surge en unos segundos una singular complicidad.

En la noche, transcurridas las engorrosas ceremonias y discursos, Bolívar preside el baile de honor y recibe el homenaje de los habitantes y la insinuación de las más bellas. En esas, aparece Manuelita, esplendida y llevada de la mano por don Juan de Larrea, quien se la presenta. Los dos bailan toda la noche.

Se palpan discretamente. Calculan los voltios de su personalidad. Se detallan, chismosean, ríen y poco a poco, en la medida en que giran al son del vals, se compenetran y entienden. La chispa de Manuela anima a Bolívar y sus salidas la hacen reír. Cada quien está colmado por el otro. El instante es de ellos. Así lo entienden todos. Ha nacido una pasión súbita, a la manera que en esa tierra brotan los volcanes. La quiteña tiene 24 años y Bolívar casi la dobla en edad. El acento y ceceo de Manuelita, la agilidad en el baile, le recuerdan los días gratos de los saraos en Caracas. Es de la misma estirpe española acriollada y aristocrática de sus primas y primeros amores. Tiene la vaga sensación de haberla conocido de siempre. Y Manuela, así se lo confesó a una amiga, en los brazos delgados y fuertes de este general de un metro con sesenta y siete centímetros, que la tiene firme como su espada en las batallas, se siente transportada al cielo.

Bolívar encuentra en Manuelita un diamante que brilla por sí mismo, sin necesidad de la talla artificial; es una fuerza de la naturaleza que lo ciega para siempre. El destino va a ser compartido; la política, la guerra, la intriga, los días de gloria, las derrotas y siempre, hasta en los momentos más comprometedores y difíciles, el ardiente amor. La geopolítica continental sigue en juego mientras el Libertador danza y se distrae en Quito, durante 18 días. San Martín, para congraciarse con los peruanos, pretende ocupar el puerto de Guayaquil. Ignorante que Manuelita le había dado un informe completo a Bolívar sobre su personalidad, ambiciones y el estado real de las tropas argentinas, como de las intrigas y el descontento en Lima.

Bolívar, al siguiente día del baile, se dirige a San Martín. Si las gloriosas fuerzas que este capitanea con tanto brillo no logran la libertad del Perú, después de los éxitos de Bomboná y Pichincha, tiene "el deseo más vivo de prestar los mismos y aún más fuertes auxilios al gobierno del Perú. Tengo la satisfacción de anunciar a vuestra Excelencia que la guerra de Colombia está terminada, que su ejército está pronto a marchar a donde quiera, que sus hermanos lo llamen y muy particularmente a la patria de nuestros vecinos del sur." Acto seguido, le ordena al general Sucre ocupar Guayaquil. También le informa al vicepresidente Santander que él pasará al sur, es decir, a Guayaquil, para pacificar aquello y tener la entrevista con San Martín. El gran general argentino al que su gobierno le había manifestado que no lo seguiría apoyando, cuyas tropas estaban desgastadas y acosadas por los realistas, se encontraría con hechos cumplidos para la entrevista con Bolívar. Por ser un distinguido oficial de carrera y conocer la realidad de las desventajas de su ejército y evitar posibles derrotas futuras, con filosófica serenidad que habla muy bien de su personalidad, dejó que Bolívar, al que con sus formidables ejércitos nadie le podía detener, culminase la guerra de la liberación del Bajo y Alto Perú.

El famoso encuentro entre el Libertador y el Potector del Perú, tuvo lugar los días 26, 27 y 28 de junio de 1822 en Guayaquil. El gobierno de Torre Tagle en Lima intenta involucrar a San Martin en la guerra civil, lo que da lugar a una dura respuesta de éste en la que advierte que no se deja utilizar en política interna y divisionista entre hermanos.

La estancia de Bolívar en Ecuador dura 14 meses, desde el 12 de junio, que pasó por Tulcán, hasta el 7 de agosto de 1823, que se embarcó para Lima en la fragata Chimborazo. Ese tiempo lo aprovechó para incorporar definitivamente a Guayaquil al

Ecuador y desplazar a sus diplomáticos explicando en el exterior el caso.

Al tiempo prepara sus ejércitos para liberar el Perú personalmente. No le será posible cumplir sus deseos por cuanto el vicepresidente Santander y su círculo parlamentario no comparten la idea y no quieren un Bolívar fortalecido. En la correspondencia entre Bolívar y Santander encontramos todo un "tira y afloje" entre los deseos del Libertador y los de su vicepresidente. Al intentar salir de la Nueva Granada para hacer la campaña de Quito los pastusos estuvieron a punto de derrotarlo como le ocurre por desgracia mucho antes a don Antonio Nariño, quien al caer prisionero se le esfuma la posibilidad de liberar el sur. Al Libertador, casi cercado por los realistas, lo salva el triunfo providencial de Sucre en Quito, que determina la generosa rendición de sus contrarios en Pasto. Por fin logra partir a Lima, en donde se entrega al vértigo del poder y cae en brazos de las irresistibles limeñas, sobre las que no se cansa de ponderar sus encantos.

A Santander le cuenta que para un hombre generoso como él y con la bolsa repleta de oro, la diversión está asegurada. En Lima, entre las diversas damas que corteja, está la esposa del general Gamarra. Por ella tendrá un desencuentro con Manuelita, al descubrir que estuvo en la habitación de Bolívar, en el palacio de La Magdalena, un arete de diamantes de la esposa del noble peruano; lo que le costó a Bolívar sufrir las uñas de la quiteña en las mejillas, al reaccionar como una gata en celo. Años después, Sucre le dirá desde Bolivia que parte de la conspiración contra él, que casi le cuesta la vida, se debía a Gamarra, que se entera de los "cuernos" y toma venganza.

Indalecio Liévano, con certero criterio sostiene que las relaciones de Bolívar y Manuelita, "así fueran los dos hacia lo invencible, y fueron sin duda, porque a ambos les dominaba la seguridad de que su amor forjaría esa voluntad de durar que distingue a las grandes pasiones. Así empezaron para ellos esos días febriles de amor y de entrega total, donde la emoción de descubrir nuevas sensaciones se confunde con la plenitud de placeres, que lejos de agotarse en su consumación, parecen renovarse en una embriagadora sinfonía de sensibilidad. Por significativo paralelismo del destino, cuando en las regiones centrales del continente, la gloria de Bolívar adquiría figuración mundial y su vida comenzaba a confundirse con la epopeya de América, encuentra a esta guapa y juvenil dama en cuya existencia parecían fundirse las grandezas, los resentimientos, las caídas y las debilidades del mundo nuevo. Porque Manuelita Sáenz era ante todo una americana y lo era inconsciente y de manera avasalladora, pues en su sangre, en su historia y en sus recuerdos estaba el drama de América, y en sus potentes energías vitales había fulgores de porvenir, como los que en esos momentos asomaban en el continente americano.

> "Por eso en sus brazos, en el delirio de la pasión, o simplemente a su lado, protegido por su ternura, Bolívar nunca se sentiría lejos del grandioso drama histórico en que estaba comprometido y tampoco existiría solución de continuidad en el idilio del héroe americano." (Indalecio Liévano, Bolívar, págs. 285, 286).

Mientras Bolívar viaja a Lima, Manuelita se queda en Quito haciendo política, de septiembre de 1822 al mes de agosto de 1823 y en esos días los encuentros de los amantes no suman los dos meses.

INTERVENCIÓN DE MANUELA

Manuela Sáenz interviene con toda su emotividad juvenil e intuición femenina en la vida del Libertador; pese a su temperamento fuerte, en ocasiones, sabe emplear una diplomacia sutil y por sus méritos y audacia se destaca en la batalla de Ayacucho, donde pelea como hombre a tiros y con una lanza. Esta proeza la eleva entre las grandes mujeres de su época. A petición de Sucre, Bolívar le impone las charreteras de coronel por sus proezas en combate.

Santander, astuto y desconfiado, se opuso al nombramiento de Manuelita la bella. Lo que enrarece la amistad, más cuando ella se entera de que él vice había favorecido las relaciones de Bolívar con las agraciadas hermanas Ibáñez. Ella suele andar a caballo uniformada y escoltada por varios lanceros. Interviene activamente en las decisiones de su amante y le presenta grandes amigos en el Perú, al brillante togado argentino Bernardo Monteagudo, y al cartagenero Juan García del Río, entre otros. Vela por los intereses de Bolívar y libra una lucha denodada contra sus malquerientes. Siente rabia y lanza maldiciones cuando le mencionan los desencuentros de Bolívar con Santander, con Páez, con el círculo de ambos y con los pérfidos seguidores de Torre Tagle o Santacruz.

No vacila Manuelita en salir a combatir a los amotinados granadinos del Batallón Callao instigados contra Bolívar en Lima. La amazona monta un potro color jaspeado, lleva pistoleras al arzón y gualdrapa de marciales adornos; vestida a lo turco, con el pecho levantado sobre un dormán finísimo, meciéndose sus bucles bajo un morrión de pieles, garbeada la cabeza por cucarda y plumajes militares, y sus pies por diminutas botas de campaña, con espolines de oro, como la describe Próspero Pereira Gamba. A partir de esas fechas los ejércitos y el pueblo la bautizan con el título de La Generala.

A los pocos días de ese episodio, la ira de Manuelita estalla contra el vice Santander y sus parciales, al enterarse de que el Congreso de Bogotá, que éste controla, aprueba una ley que le prohíbe al Libertador mandar el ejército colombiano fuera de las fronteras. Parece que desde ese momento le toma mortal antipatía al vice, quién teje una telaraña intrincada de intrigas y leyes, con el apoyo de un Congreso dócil, con el fin de amarrar y cortar las alas de Bolívar en busca de la grandeza.

En Lima, a finales de 1823, Manuelita interviene con tino, aconsejando, explicando quién es quién a un Bolívar predispuesto a seguir sus consejos. Se cuida mucho de no interferir en las decisiones de su amante y jefe. Apenas discuten cuando él se olvida de los antecedentes de sus adversarios y con generosidad trata de atraerlos. Ella preferiría fusilarlos, pero respeta los dictados del hombre de su corazón. También sufre sus fugaces infidelidades y trata de distraerse. A principios de 1824, Bolívar se enferma en Patívilca y Manuelita vuela a acompañarlo y sus suaves cuidados amorosos logran el milagro de la cura.

Como comentamos antes, al abandonar el Libertador Lima, se subleva el batallón Callao, en su mayoría compuesto por granadinos. Más adelante, Bolívar sufre un doloroso desengaño al enterarse de que el vice Santander había salido a recorrer las calles de Santafé de Bogotá con un tumulto de gentes para celebrar la rebelión en su contra del oscuro Bustamante en Lima.

Por el contrario, Manuelita se presenta en un brioso caballo al cuartel más cercano con la esperanza de levantarlo contra el traidor y la hacen prisionera. El gobierno la destierra y sigue viaje a Bogotá. Cuentan que en el trayecto se agrian sus relaciones con Córdova, un valiente que no se distinguía por sus finos modales.

Las relaciones de Manuelita y el Libertador están hasta esos momentos sujetas al vaivén de los acontecimientos. Sus encuentros son intensos y breves como corresponde a tan apasionados amantes, más su actividad primordial es la revolución.

Manuelita llega a Bogotá en el mes de septiembre o noviembre de 1827 y causa conmoción en la aldea virreinal, como en Quito o en Lima: se convierte el centro de la atención social. Entra a caballo, acompañada de sus dos fieles esclavas que fuman tabaco y montan como los hombres. Pronto, se forma el partido de Manuelita con los bolivarianos más cercanos. Ella vive a unos pasos del palacio de San Carlos. Por años su presencia en la fría capital dará para diversos escándalos y situaciones risibles y grotescas. Su humor y el de Bolívar no siempre es entendido por los bogotanos, y menos por el círculo de intrigantes de Santander. En general, Manuelita es estimada por la sociedad, en tanto el populacho la admira. Había un libro en el archivo de Anselmo Pineda donde se enumeraban los granadinos importantes que estaban en buenas relaciones con ella y se valían de su influjo para conseguir favores de Bolívar, el cual desapareció misteriosamente.

LA NEFASTA NOCHE SEPTEMBRINA

Ella misma nos cuenta su terrible experiencia cuando trataron de asesinar en Bogotá a Bolívar, mediante una logia de adictos al general Santander. Dice Manuelita:

> Una noche, estando yo en dicha casa, me llamó una criada mía, diciéndome que una señora con mucha precisión me llamaba a la puerta de la calle; salí, dejando al Libertador en cama, algo resfriado. Esta señora (que existe) que me llamaba me dijo que tenía que hacerme ciertas revelaciones nacidas del afecto al Libertador, pero que en recompensa exigía que no se mencionase su nombre. Yo la hice entrar, la dejé en el comedor y le indiqué al general. Él me dijo que estando enfermo no podía salir a recibirla, ni podía hacerla entrar a su cama y que yo la oyese, y que además ella era eso lo que se proponía. Le di a la señora estas disculpas; la señora me dijo entonces que había una conspiración, nada menos que contra su vida, que había muchas tentativas y que solo las dilataban hasta encontrar un tiro certero. Que los conjurados se reunían en varias partes, una de ellas en la casa de Moneda; que el jefe de la maquinación era el general Santander; que el general Córdova sabía algo".

Sigue Manuelita: "El Libertador apenas oyó mencionar al general Córdova se exaltó", llamó a O'Leary para que oyera la versión y al repetirle lo mismo, ordenó hacer salir sin más de la casa a la señora, por cuanto esto era una infamia. Luego cuenta paso a paso su intervención para salvar la vida del Libertador, y conseguir detener de manera providencial por unos minutos a los conjurados y ayudar a la famosa escapatoria de Bolívar por una ventana de la residencia presidencial.

Manuelita omite mencionar allí los golpes e improperios que recibe. Después cuenta cómo les salva la vida a algunos de los conjurados, en especial a Florentino González. En sus memorias, el ideólogo liberal Ezequiel Rojas, se queja de cuando estando prisionero, fue llevado a presencia de doña Manuelita Sáenz y que esta le ofreció la libertad si delataba a sus compinches, a lo que él se resistió, y la acusa de que lo condenarán por el testimonio de unos criados. Lo cierto es que Bogotá no tiene el triste honor de ser el lugar donde asesinaran a Bolívar, gracias al valor ya la audacia de esta intrépida quiteña.

Posteriormente vendrán tiempos sombríos de la dictadura de Bolívar, de odios y conjuras, el festejo de Manuelita al fusilar un monigote que representa a Santander en la Quinta de Bolívar. El Congreso Admirable, presidido por el mariscal Sucre, su partida a la frontera con Venezuela persuadido de atraer a Páez. Ausencia que aprovechan Urdaneta y Del Castillo, junto con los santanderistas para modificar la Carta Magna elevando la edad para ser presidente y cerrar el paso a Sucre, quien al regreso a Bogotá es ovacionado por el pueblo y recibe la noticia de la partida del Libertador.

Manuelita se queda a vivir en Bogotá. Su desolación es grande, pero bravo su carácter. Tiene el valor de continuar en la ciudad que no hace mucho presenció la felonía del intento de asesinar al héroe. Sucre sigue al Ecuador, mientras en un diario de Bogotá "El Demócrata" solicitan que ojalá, Obando, haga con Sucre lo que ellos no pudieron hacer con Bolívar. Es su sentencia de muerte, morirá asesinado en Berruecos. Sucre es el ídolo de ejército, tiene prestigio y carácter, como Bolívar está enfermo es preciso eliminar a su eventual heredero.

Bolívar y Manuelita se enternecen con el asesinato de su noble y querido amigo. En el camino, Azuero se encarga de hacerle llegar al gran hombre un oficio donde le comunican que ha sido proscrito de Venezuela. Al poco tiempo Bolívar muere, derrumbado física y espiritualmente por la iniquidad de sus compatriotas.

Los dolores y las angustias de Manuelita son terribles durante esos tristes años de persecución que ella soporta en Bogotá, cuando Obando de un plumazo destituye del ejército a los oficiales adictos al Libertador y varios son expulsados del país; otros caen asesinados.

Las provocaciones contra Manuela y las acusaciones de sus malquerientes que le atribuyen, posiblemente con razón, estar ligada a varias conspiraciones, culminan con el incidente provocado astutamente por el gobierno con la finalidad de sacarla de casillas. El alcalde de la ciudad, haciendo mucho ruido, ordena levantar en la plaza mayor unos muñecos que representan a Bolívar y a Manuelita para ser quemados mediante fuegos artificiales. Ella, al enterarse del agravio gubernamental, arremete a caballo contra los monigotes. Los ánimos se encienden y se fomenta una poblada en contra suya. El tumulto de santanderistas exaltados la persigue hasta su casa, apenas a unos metros de la Plaza de Bolívar, frente al colegio de San Bartolomé; asunto peligroso en tiempos en los que las gentes tiene miedo por lo del crimen de Sardá, atribuido al vicepresidente.

Santander, comete el oprobio de actuar con sevicia y arbitrariedad al dictar el ominoso decreto de expulsión de la heroína y compañera del Libertador el 10 de enero de 1834 y le dan tres días para salir del país. Lorenzo María Lleras, segundo alcalde ordinario, es el encargado de la expulsión. Al oponerse Manuelita con su arma, los valientes funcionarios la detienen y la llevan para mayor befa a la cárcel de mujeres de *El Divorcio*; acción que le merece a Lleras el reconocimiento de Santander. Esa venganza no encuentra más explicación que los odios mortales que envolvieron en ese gran naufragio final a nuestros próceres. Transcurrirán muchos años, tristes, dolorosos, siempre en el exilio, con el equipaje sagrado de gran parte de los documentos y cartas de Bolívar deambulando con ella. Ni siquiera en su tierra natal se atrevieron a darle acogida, los intrigantes de la política la persiguen. A su residencia en Paita llegaron de visita personajes como Garibaldi y numerosos amigos del Libertador.

Tal vez, una de las últimas y más sentidas cartas de Bolívar a Manuelita, camino al sepulcro, nos da la dimensión de lo que significó ese amor y la dura separación:

> Mi amor:
>
> Tengo el gusto de decirte que voy muy bien y lleno de pena por tu aflicción y la mía por nuestra separación. Amor mío, mucho te amo, pero más te amaré si tienes ahora más que nunca mucho juicio. Cuidado con lo que haces, pues si no nos pierdes a ambos perdiéndote tú.
>
> Soy siempre tu más fiel amante.
>
> Bolívar.
>
> Guaduas, 1830
>
> (Carta escrita por el Libertador de su puño y letra).

Capítulo IV

LA NATURALEZA DE LA GUERRA EN VENEZUELA. LA GUERRA A MUERTE. LA REVOLUCIÓN SOCIAL. EL CHOQUE CON EL DEMOLIBERALISMO AFRANCESADO. PEPITA MACHADO. LAS IBÁÑEZ. SANTANDER Y MÁRQUEZ. BOLÍVAR EN EL SUR. MANUELITA Y EL IDILIO ESCANDALOSO. LAS CARTAS DE AMOR. LAS FILTRACIONES DE SU DESPEDIDA AL MARIDO. BOLÍVAR Y EL AMOR PURO.

LA NATURALEZA DE LA GUERRA EN VENEZUELA

Antes de proseguir el relato de la trama que inmortalizó el amor de Simón Bolívar y Manuelita Sáenz, a partir del encuentro en Quito, que los envuelve en una sinfonía de batallas gloriosas, hechos singulares, intrigas políticas y relaciones de poder, hasta el naufragio de los dioses en 1830, por interés histórico y psicológico, es del caso rememorar algunos episodios del pasado singulares al gran hombre.

Puesto que la revolución que casi arrasa con Venezuela había dejado en la estructura intelectual de Bolívar una honda huella, que le hará tomar verdadero horror a las pasiones de las masas, la barbarie y la anarquía. Sorprende al repasar la historia de Venezuela que la lucha feroz que se libró en su suelo entre patriotas y realistas, no dependió tanto de la llegada del Pacificador Morillo, que lentamente debió soportar la evaporación de su ejército por los continuos ataques de la guerrilla patriota y, en particular, del clima. Mas no serían las tropas de Morillo las que protagonizan los más sangrientos episodios de la incivil lucha que se libró en Venezuela, reservados esos dantescos y execrables episodios a los nativos del país, que se enzarzan en la guerra a muerte mucho antes que fuese declarada oficialmente. Morillo, en un preocupante informe al gobierno peninsular resalta que:

> "La infantería europea que vino conmigo a Apure, se ha disminuido en muy pocos días de marcha a una tercera parte, por las calenturas y las llagas, quedando el resto débil y sin fuerzas para continuar la fatiga en algún tiempo, no tanto por los sufrimientos de los ardores del sol y de marchar constantemente por barrizales y agua hasta la cintura, como por la falta de alimento que nunca ha sido más que carne, con falta de sal muchas veces y siempre con la de toda clase de recursos."

Morillo que había llegado con diez mil veteranos, no pocos de estos, valientes que se habían destacado en las guerras contra los ejércitos de Napoleón, al poco tiempo de sopesar la dura realidad de la guerra en América, les confiesa a sus superiores en Madrid, que apenas para sofocar la revuelta en Venezuela necesita unos treinta mil soldados bien equipados y asistidos convenientemente. No vislumbró Morillo, como no lo sospecharon los patriotas, que la guerra civil haría brotar del propio medio milicianos realistas y patriotas que ensangrentarían aún más el sufrido suelo venezolano. Es cierto que Boves, Monteverde, Morales y tantos otros jefes eran españoles, pero se habían aclimatado y comandaban fuerzas nativas. Además, contaron con brillantes soldados y políticos, tales como: los Arcaya, Carrera y Colina, Torrellas, Iturbe, López, Quero, Armas, Meserón, Olavarría, Lizarraga, Ramos, Gorrín, Llamozas, Osío, Cárdenas, Casas, Camero, Bacca, Izquierdo, Illas y muchos más. Junto con distinguidos políticos, como los doctores José Manuel Oropeza, Andrés Levelde Goda, Felipe Fermín Paul, Francisco Rodríguez Tosta, Ramón Monzón, José de los Reyes Piñal, Juan Antonio Zarraga, Pedro de Echezurria, Tomás José Hernández Sanabria, José María Gagrirena, Juan Vicente Arévalo, Juan Rodríguez del Toro, Nicolás de Castro, Feliciano Palacios, José María Correa, Herrera, Mijares, Troconis, Mendoza, Michelena y muchos más. En esa guerra civil esos nombres rivalizan en arrojo y talento con los de Páez, Mariño, Piar, Urdaneta, Bermúdez, Sucre, Anzoátegui, Soublette y cuantos les dieron gloria a los patriotas. Boves mismo derrotó varias veces a las tropas libertadoras capitaneadas por sus más brillantes generales, incluido Bolívar y Páez. El caraqueño terminaría por aplastar al bando realista por su estrategia continental y la ayuda decisiva de las tropas granadinas. En Venezuela la terrible revolución social destruye familias y regiones enteras. El Oriente del país se trasforma en una tierra de huérfanos, heridos, mutilados, convalecientes, reducida la población a las mujeres, los ancianos y los niños; sin que en muchos casos sus vidas sean respetadas. Las hordas restauradoras de Boves amenazan devorar al país o aniquilarlo. La contienda degenera en una verdadera guerra racial, donde los fieros instintos africanos se combinan con el resentimiento del peninsular y los canarios. La clase mantuana es perseguida y se busca extirparla de la tierra de sus mayores. El saqueo, la destrucción sistemática de las propiedades, el incendio de viejas casonas, lo intransitable e inseguro de los caminos, el abandono del cultivo de los campos y el trabajo a media marcha en las minas, muestran una Venezuela herida de muerte, que apenas logra en el siglo XIX restañar un tanto sus heridas. Por poco la barbarie de la guerra ahoga a los cuatrocientos años de esfuerzo civilizador y evangélico, involucionando a tiempos bárbaros y primitivos.

Ese coronel Bolívar, de origen aristocrático y que carga el estigma de la pérdida la base de Puerto Cabello y la entrega de Don Francisco de Miranda a los realistas, al llegar a la Nueva Granada pinta los horrores de la guerra y los grandes desaciertos e imprudencias que se cometieron: Es otra víctima de las desventuras vividas por la infeliz Caracas, escapado prodigiosamente de sus ruinas físicas y políticas. La impresión de los sucesos que azotan el terruño nativo lo lleva a reflexionar sobre las ideas francesas de moda y repensar el futuro de acuerdo a las necesidades de América, dice Bolívar:

> "El más consecuente error que cometió Venezuela, al presentarse en el teatro político fue, sin contradicción, la fatal adopción que hizo del sistema tolerante: sistema improbado como débil e ineficaz, por todo el mundo sensato, y tenazmente sostenido hasta los últimos períodos, con una ceguedad sin ejemplo".
>
> "Los códigos que consultaron nuestros magistrados, no eran los que podían enseñarles la ciencia práctica del gobierno, sino los que han formado ciertos buenos visionarios que, imaginándose repúblicas aéreas, han procurado alcanzar la perfección política, presuponiendo la perfección del linaje humano. Por manera que tuvimos filósofos por jefes, filantropía por legislación, dialéctica por táctica y sofistas por soldados. Con semejante subver-

sión de principios, y de cosas, el orden social se resintió extremadamente conmovido desde luego corrió el Estado a pasos agigantados a una disolución universal, que bien pronto se vio realizada":

"La doctrina que apoyaba esta conducta tenía su origen en las máximas filantrópicas de algunos escritores que defienden la no residencia de facultad en nadie para privar de la vida a un hombre, aún en el caso de haber delinquido este, en el delito de lesa patria. Al abrigo de esa piadosa doctrina, a cada conspiración sucedía un perdón y a cada perdón sucedía otra conspiración que se volvía a perdonar, porque los gobiernos liberales deben distinguirse por la clemencia. ¡Clemencia criminal que contribuyó a derrumbar la máquina, que todavía no habíamos enteramente construido!" Bolívar hace una demoledora crítica a la debilidad de los ejércitos nativos, denuncia el federalismo disociador y la disipación imprudente de las rentas públicas, como de los anti políticos e inexactos raciocinios del pensamiento demoliberal en Venezuela que fascinaba a los simples, sin convencer a los prudentes. También señala, lo que para su tiempo es realmente sorprendente y demuestra su madurez e independencia intelectual, al plantear que: "lo que más debilitó al gobierno de Caracas fue la forma federal que adoptó, siguiendo las máximas exageradas de los derechos del hombre, que autorizándolo para que se rija por sí mismo, rompe los pactos sociales y constituye a las naciones en anarquía. Tal era el verdadero estado de la confederación. Cada provincia se gobernaba independientemente; y a ejemplo de estas, cada ciudad pretendía igualar facultades alegando la práctica de aquellas, a la teoría de que todos los hombres, y todos los pueblos, gozan de la prerrogativa de instituir a su antojo, el gobierno que les acomode".

Además, Bolívar, emite un concepto clave para entender su pensamiento y la diferencia mental que lo separa de sus contemporáneos americanos. Pues demuestra que el sistema federal así:

> "sea el más perfecto, y más capaz de proporcionar la felicidad humana en sociedad, es, no obstante, el más opuesto los intereses de nuestros nacientes estados.
>
> GENERALMENTE HABLANDO TODAVÍA NUESTROS CONCIUDADANOS NO SE HALLAN EN APTITUD DE EJERCER POR SI MISMOS Y AMPLIAMENTE SUS DERECHOS, PORQUE CARECEN DE LAS VIRTUDES POLÍTICAS QUE CARACTERIZAN AL VERDADERO REPUBLICANO".
>
> "Por otra parte, ¿qué país del mundo por morigerado, y republicano que sea, podrá, en medio de las facciones intestinas y de una guerra exterior, regirse por un gobierno tan complicado, y tan débil como el federal? NO, no es posible conservarlo en el tumulto de los combates, y de los partidos. Es preciso que el gobierno se identifique por decirlo así, al carácter de las circunstancias, de los tiempos y de los hombres, que lo rodean".

También se extiende en una crítica realista del sufragio entre gentes sometidas a presiones indebidas: "Yo soy del sentir que mientras no centralicemos nuestros gobiernos americanos, los enemigos obtendrán las más completas ventajas":

> "Las elecciones populares hechas por rústicos del campo, y por los intrigantes moradores de las ciudades, añaden un obstáculo más a la práctica de la federación, entre nosotros; porque los unos son tan ignorantes que hacen sus votaciones maquinalmente, y los otros, tan ambiciosos que todo lo convierten en facción; por lo que jamás se vio en Venezuela una votación libre, y acertada; lo que ponía el

> gobierno en hombres ya desafectos a la causa, ya ineptos, ya inmorales. El espíritu de partido decidía en todo; y por consiguiente nos desorganizó más de lo que las circunstancias hicieron. Nuestra división y no las armas españolas, nos tornó en la esclavitud".

Culmina su famoso y elocuente escrito con una invitación de emergencia a la Nueva Granada a convertirse en libertadora de pueblos y pacificar las provincias sublevadas con un sistema ordenador, que para su feliz culminación requiere de un Estado en forma, por lo que desde entonces va a luchar por liberar a América y dotarla de un sistema constitucional realista y fuerte que ambiente el orden y la convivencia para el progreso de los pueblos. No es casual que tenga que poner sitio a Santa Fe de Bogotá e imponerse por las armas a la Patria Boba. En su lucha por la libertad todos se inclinan ante los destellos de la espada victoriosa, en la construcción de una gran república, mas apenas unos pocos asimilan su pensamiento político dada la inmadurez de los pueblos liberados. Páez, Santander y el resto de dirigentes, no tenían otra idea del poder que degustarlo en el terruño, sin entender los grandes espacios geopolíticos y mundiales que se le planteaban al visionario. En ese aspecto, merece una singular mención y reconocimiento Camilo Torres, el gobernante granadino que entendió los alcances geniales del proyecto de Bolívar, oficial en desgracia que sumido en la derrota se crece al ofrecer la oportunidad de liberar a los suyos y a los granadinos. Simón Bolívar, al salir de Venezuela en medio de la diáspora de patriotas que parten de un país incendiado por la guerra social por todas partes, deja sus propiedades abandonadas, pierde parte del equipaje y el efectivo. Lo que más le duele es dejar el terruño donde están enterrados sus antepasados, conquistadores y hacedores de pueblos, su familia, los amigos, los recuerdos más queridos y la vida de rico terrateniente.

Le agobia tener que separarse de su amada Pepita Machado y su ausencia lo deja desgarrado. Sin saber que la suerte les deparaba un destino fatal y jamás se volverían a ver, ni a estrecharla en sus brazos, ni sentir su corazón palpitar y yacer anudados por la pasión. Para morir ella, más adelante, cuando lo buscaba en tierra granadina para el reencuentro de los amantes. Esa encantadora mujer de la sociedad caraqueña fue su gran debilidad y gustaba de compartir el poder y las grandes decisiones con ella, cuyo nombre llega hasta Carlos Marx cuando escribe una diatriba adversa al caudillo venezolano.

Será en el interregno fronterizo de Ocaña, población colonial de nobles casas solariegas, blancas y espaciosas, con sus gentes altivas, famosa por sus bellas mujeres, donde Bolívar se vincula a las familias Ibáñez y Caro, por la belleza de las primeras. Por el fuego de las Ibáñez viaja hasta Mompox a liberar a Caro, su padre, monárquico irreductible. Por ellas ningún esfuerzo es poco y las lleva e instalarlas como reinas en Santa Fe de Bogotá. Así más tarde se quejen de que las tiene olvidadas. A la entrada triunfante de Bolívar a Santa Fe de Bogotá, destaca la crónica de Groot la presencia de la linda Bernardina Ibáñez entre las hermosas jovencitas que arrastran el carruaje de Bolívar. El generoso caraqueño de su bolsa personal les regala a las entrañables Ibáñez una casa amplia y confortable.

Por todas sentía simpatía ardiente el joven general, siendo la de su predilección Bernardina. Cuando Bolívar está en el frente de batalla el meticuloso y obsecuente Santander se encarga de llevar noticias del héroe. Santander le cuenta a Bolívar: "Plaza se quiere casar con Bernardina, está loco y desesperado, me ha pedido licencia y se la he negado porque creo que es usted el que debe darla". "Usted lo verá mi general no desespere a la pobre Bernardina. que de algo se ha de ocupar". Bolívar le contesta a Santander que le parece bien que se case Plaza y aumente el número de granadinos. Pero en otra misiva reacciona: "Dígale muchas cosas a Bernardina, y que estoy cansado de escribirle sin respuesta". Posteriormente, Santander, que en ese tiempo se proclama como bolivariano insobornable, se encarga de informar a su jefe que manda al frente a Plaza. El joven oficial muere valientemente en Carabobo como muchos otros granadinos, y la bella Bernardina al languidecer sus relaciones con Bolívar, se casará con el brillante intelectual, legislador y político granadino Don Florentino González. En París la criolla Bernardina, es admirada por su elegancia y hermosura. Florentino, tristemente famoso por su participación en la aciaga conjura septembrina., abomina de Bolívar. Por entonces, el caudillo tiene en alta estima a Santander, del que informa a un viajero que es tan obediente que podría incendiar a Santa Fe si se lo ordenara.

La correspondencia amorosa entre Bolívar y Bernardina es muy activa, gran parte desaparece en forma misteriosa. En Londres aparece una esquela donde Bolívar le recuerda que: "tú eres sola en el mundo para mí. Tu ángel celeste, sola animas mis sentidos y deseos más vivos".

La amistad y simpatía por las Ibáñez se resiente cuando los políticos de su entorno familiar y social, conspiran contra el Libertador y ellas tienen que rogar por sus vidas, como en el caso de Santander y González. Las Ibáñez son una leyenda. Sin embargo, olvidan sus detractores o reivindicadores que fueron jovencitas distinguidas de su tiempo que no escogieron su destino y que no podían pasar inadvertidas por su cuna e hidalguía heredada de sus mayores, belleza y gracia. Son el fruto acabado de la alta sociedad criolla de provincia, en crisis. Tuvieron que cruzar arenas movedizas y salvarse de la opresión realista y patriota. El orden social de sus mayores se hunde, cuando eran unas niñas conocieron alternativamente el lujo y la miseria. Sobreviven las catástrofes de su clase y el nuevo e incipiente orden republicano de los libertadores. Su actividad política no se puede magnificar a la luz de los documentos que se conocen sobre sus actividades, fuera de estar al lado y de alegrar las veladas de los figurones más poderosos de su tiempo, que dan origen a los dos partidos tradicionales en Colombia. No se encuentra en ellas una deliberada pasión política. Son finas, elegantes y discretas, no pasan de la charla graciosa en torno de una humeante taza de chocolate santafereño; prevalecen los perfumes, los chistes, la coquetería mundana, el buen tono, las intrigas menores y las conveniencias sociales de pareja. Eso es lo que da la tierra en la aldeana Santafé de entonces. Así estén en medio de los acontecimientos que trasforman la sociedad y la política, no por su intervención directa sino por azar, como es el caso del grotesco desencuentro de Santander con Márquez, cuando el primero intenta tirarlo de las solapas por un balcón al encontrarlo de visita en la casa de la Plaza de la Constitución con Nicolasa Ibáñez, con la que convivía y le había cedido la jugosa mina de sal de Zipaquirá. Pese a ese famoso incidente casual por la antipatía mutua en ese momento, el choque político de ambos era inevitable.

Como vimos, Bolívar, al proseguir la guerra en el Sur, y al encontrar a Manuelita, abandona sus amores granadinos. La distancia y los nuevos desafíos que lo demandan abren un abismo entre los antiguos amores y su apremiante realidad. Transcurrirá poco tiempo, que por la variedad y novedad de los acontecimientos parecen décadas.

Las damiselas de Bolívar maduran y se casan, otras se acomodan y las más pierden la lozanía juvenil que tanto le seduce. Mas, siempre las recuerda y les hace favores, por lo general a sus familiares. Su vida entra en un nuevo impulso vital, al estímulo de las victorias militares y políticas. Nuevas gentes, nuevos hechos, nuevos ámbitos y problemas acaparan toda su atención y de la Nueva Granada se ocupa por correspondencia, como de una estancia lejana que le interesa, de momento, por los recursos que pueda obtener del cada vez menos obsecuente y más ambicioso Santander. Además, por los nuevos asuntos de Quito, Perú y Bolivia, su mente se ocupa en manejar el estamento militar en Colombia y en dondequiera que estén sus leales tropas, los círculos de poder locales y el ajedrez político, los roces con el Emperador del Brasil, la diplomacia con las Provincias Unidas del Río de la Plata, los delicados asuntos con Inglaterra, el empréstito del Perú, los ofrecimientos de monarquía, la forma que le dará a los pueblos liberados en un medio inestable, la respuesta a la actitud ambigua de los Estados Unidos y su interés cada vez mayor en los asuntos de México, las amenazas de la Santa Alianza, la posible liberación de Puerto Rico y Cuba, los intentos divisionistas en la Gran Colombia, incluso divaga con Sucre sobre las posibilidades de una invasión a España.

Es uno de los hombres más atareados del mundo. En ese momento sus tropas soportan todavía una lucha de guerrillas en la que los realistas desgastan sus efectivos, con desencuentros preocupantes y sangrientos como los de Pasto. Saca tiempo precioso en medio de ese torbellino de ocupaciones que reclaman invariablemente su atención personal, para retozar con otras mujeres y distraerse en bailes y saraos por los lugares que visita, cuando Manuelita está a prudente distancia. Es una de sus etapas más creadoras, su estilo se impone y los políticos y jóvenes rivalizan en imitarle. Su talante, sus palabras, su elegancia conceptual y natural elocuencia, vuelan de boca en boca por América. Lo mismo pasa con sus amores con Manuelita, van de rumor en rumor por donde avanzan sus tropas y en las valijas diplomáticas. Puede decirse que el escándalo se inició al instante que fueron presentados en Quito por el señor Larrea. ¿Cómo era posible que Bolívar le dedicara toda su atención a la esposa de un súbdito inglés? ¿Acaso las jovencitas casaderas y disponibles eran invisibles? ¿Hasta Córdova está celoso y enfadado? La fama de Casanova de Bolívar determinaba que se le perdonara que volara de flor en flor, lo que no aceptan es que su atención se materializara en una sola dama de la inteligencia política y habilidad de Manuelita. Eso ocurre cuando las gentes se forman un ideal de su conductor y le exigen lo que ellos no son capaces de dar. En fin, les parece que no hacer caso a sus pequeñas conveniencias parroquiales, es un crimen. Los viejos realistas solapados contribuyen a criticar veladamente al gran hombre al que no pueden derrotar en el escenario de la historia, pero que tratan de enlodar con chismes por sus tempestuosos amores. Siendo que, comparado con personajes más activos en sus relaciones con el otro sexo como el generalísimo Francisco de Miranda, son modestas sus aventuras galantes. Naturales en un oficial soltero y en el medio de guerreros trashumantes que yacen en el vivac de campaña con las damas que les brindan su afecto temporal, con el cual recargan las baterías anímicas para seguir la gesta.

En la realidad Bolívar es un tanto conservador para la época en sus costumbres. Es un solitario en prosecución obsesiva de la grandeza. En los cálidos encuentros con algunas jóvenes al azar es natural la satisfacción vital de sus apetitos; más, como hemos visto, sus amores se pudieron contar con los dedos de la mano. Con Manuelita, el hecho irremediable es que ella tenía marido cuando yacieron juntos en una noche quiteña preñada de notables presagios.

Bolívar no sabía qué hacer con Manuela y lo atormentaba el problema. Cada día la quería y la necesitaba más y sabía ya que no la abandonaría nunca. Sin que llegara a tomar ninguna resolución al respecto. Manuelita se adelantó, tal como lo transcribe el fiel O'Leary, y le escribe la siguiente carta a su esposo. Según consta en sus memorias:

> "No, no, no más, hombre, por Dios. ¿Por qué hacerme usted escribir faltando a mi resolución? Vamos: ¿Qué adelanta usted? Sino hacerme pasar por el dolor de decirle a usted, mil veces, no. Señor: usted, es excelente, es inimitable, jamás diré otra cosa sino lo que es usted: pero, mi amigo, dejar a usted por el general Bolívar es algo; dejar a otro marido sin las cualidades de usted sería nada.

¿Y usted cree que yo, después de ser la querida de este general por siete años y con la seguridad de poseer su corazón, preferiría ser la mujer del padre, del hijo, del Espíritu Santo o de la Santísima Trinidad? Si algo siento es que usted no haya sido mejor para haberlo dejado. Yo sé que nada puede unirme a él bajo los auspicios de lo que usted llama honor. ¿Me cree usted menos honrada por ser él mi amante y no mi marido? ¡A! yo no vivo de las preocupaciones sociales inventadas para atormentarse mutuamente. Déjeme usted, mi querido inglés. Hagamos otra cosa: en el cielo nos volveremos a casar, pero en la tierra no. ¿Cree usted malo este convenio? Entonces diría yo que es usted muy descontento. En la patria celestial pasaremos una vida angelical y toda espiritual (pues como hombre usted es pesado). Allá todo será a la inglesa, porque la vida monótona está reservada a su nación (en amores digo, pues en lo demás ¿quiénes más hábiles para el comercio y marina?) les acomoda sin placeres, la conversación sin gracia y el caminado despacio; el saludar con reverencia al levantarse y sentarse con cuidado, la chanza sin risa. Estas son formalidades divinas; pero yo, miserable mortal, que me río de mí misma, de usted y de estas seriedades inglesas, etc., que mal me iría en el cielo, tan mal como si fuera a vivir a Inglaterra o Constantinopla pues los ingleses me deben el concepto de tiranos con las mujeres, aunque no lo fue usted conmigo, pero si más celoso que un portugués. Eso no lo quiero yo. ¿No tengo buen gusto?

Basta de chanzas; formalmente y sin reírme, con toda la seriedad, verdad y pureza de una inglesa digo que: no me juntaré más con usted. Usted anglicano y yo atea, es el más fuerte impedimento religioso: el que estoy amando a otro es mayor y más fuerte. ¿No ve usted, con qué formalidad pienso?

Su invariable amiga.

Manuela

Esa carta, dice el mismo O'Leary, llevaba unas letras de Manuelita donde le decía a Bolívar: "Hay que advertir que mi marido es católico y yo jamás atea; solo el deseo de estar separada de él me hacía hablar así".

En dicha carta de Manuelita muestra su ingenio y humor, con la finalidad de acabar de raíz con las insistencias y súplicas del marido. Al conocer su texto le contesta Bolívar:

> "Mi amor:
>
> ¿Sabes que me ha dado mucho gusto tu hermosa carta? Es muy bonita la que me ha entregado Salazar. El estilo de ella tiene un mérito capaz de hacerte adorar por tu espíritu adorable. Lo que me dice de tu marido es doloroso y gracioso a la vez. Deseo verte libre pero inocente justamente, porque no puedo soportar la idea de ser el robador de un corazón que fue virtuoso y no lo es por mi culpa. No sé cómo hacer para conciliar mi dicha y la tuya, con tu deber y el mío, no sé cómo cortar este nudo que Alejandro con su espada no haría más que intrincar más y más, pues no se trata de la espada ni de la fuerza, sino de amor puro y de amor culpable, de deber y de falta; de mi amor, en fin, con Manuela la bella".

El general O'Leary, de la mayor intimidad de Bolívar, transmite a la posteridad su opinión sobre el grande hombre y esos amores que han sido fuente de inspiración de varios poetas; "nunca conoció un amante: más ardiente y más apasionado que Bolívar, y, sin embargo, en esas cartas se trasluce un sentimiento de virtuoso pesar por sus ilícitas relaciones".

En relación al doctor Thorne, agrega O'Leary, que el amor que sintió su compatriota por Manuelita fue muy ardiente y aditivo:

"Adoraba con frenesí a su infiel esposa, que para arrancarle ese amor violaba sus juramentos, y cada día le daba nuevas pruebas de infidelidad, pero en vano; él cada día la amaba más. Algunas de sus cartas son testimonio de su inextinguible pasión que ni el tiempo pudo destruir. No hace mucho que murió dejándole todo cuanto poseía. En sus cartas habla con frecuencia de sumas de dinero que le remitía, de trescientas y más onzas algunas veces y siempre quejándose que ella no aceptaba sus regalos, y de que nunca le pedía dinero. Ella es el ser más desinteresado que he conocido".

Son pocos los casos en los que la literatura transmite tan fiel pintura de un triángulo sentimental como el que envolvió a Manuelita, su esposo y su ilustre amante. Un hombre que en ese momento de su vida podría haber escogido cualquier otra mujer, americana o extranjera, noble o plebeya, para compartir la gloria. No deja de ser penosa la situación del doctor Thorne, pero se entiende tratándose de una mujer tan seductora. El inglés comprende que no es ni puede ser rival sentimental de Bolívar, su gloria y su fuerza interior, como la posición en la sociedad lo opacan, lo que no le impide con tozudez singular refugiarse en su flema enigmática y persistir una y mil veces mendigando unas gotas del amor de Manuela para saciar su sed de esposo desdichado, víctima de un drama que le arrebata la felicidad y de las malas lenguas en esa sociedad limeña donde vivía. Su sumisión linda con el desvarío y paciente, infatigable, inconmovible, está siempre dispuesto a servirla más de lo que haría un esclavo, que, al fin, tendría alguna excusa por su condición.

En gracia a la verdad es preciso reconocer que Manuelita rueda al lado de Bolívar estrujada por el huracán revolucionario de su tiempo, casi impotente de detener o desviar la fortuna que fatalmente la lleva por delante. Mas, a pesar de las fábulas voluptuosas y vulgares sobre su vida, escritas para satisfacer las bajas pasiones del público, ella mantiene ante el doctor Thorne una actitud franca y digna, en ocasiones maternal.

Por su parte, tampoco se le podía pedir a Bolívar, que había dado su fortuna, su talento, su salud, su tranquilidad, las comodidades, por la independencia, que sacrificara ese amor, que en alguna medida le había llegado tarde. ¿En aras de qué o de quién, debía sacrificar sus sentimientos, cuando no tenía un hogar, ni descendientes? Así lo entendieron la mayoría de sus contemporáneos, que respetaron hondamente su sensibilidad afectiva, no así los malquerientes que saben que con ningún ataque personal consiguen hacerle daño y por eso escogen como blanco predilecto a Manuelita. Esa es la máxima cobardía de la brega política, arma innoble que todavía se sigue usando en nuestro medio.

Capítulo V

LA VIDA SEXUAL. JOSEFINA Y NAPOLEÓN. LA SALUD DE BOLÍVAR. VEJEZ PREMATURA. LAS CARTAS INOLVIDABLES. DEFENSA DE MANUELITA, DE LA MUJER Y DEL AMOR. EL SANTANDERISMO LA ABOMINA. MANUELITA ÍDOLO DE LAS TROPAS. ANGUSTIAS Y PRUEBAS. LA NECESIDAD DE BOLÍVAR PARA VIVIR.

LA VIDA SEXUAL

Para la generalidad de los autores está claro el momento en donde las relaciones de Bolívar y Manuelita alcanzan la plenitud, cuando los amantes apenas están para oír ríos celestiales que sacuden sus cuerpos. Sería decisivo para Manuelita dar con un hombre que encarnaba la gloria y tenía la experiencia real de yacer con unas cuantas graciosas damiselas que seduce o lo seducen, se muestran complacientes en los encuentros por los caminos y encrucijadas de la guerra por la libertad.

El poder y la gloria atraen fatalmente a los sexos. Sin que el caraqueño se pueda comparar con un Casanova, en diversas ocasiones rechaza a bellas jovencitas y señoras que arden en deseos de yacer con el héroe y compartir sus emociones. Al contrario de lo que pretende el amarillismo aldeano, la experiencia de Manuelita es casi la normal, para una joven de su edad, tal como eran esos tiempos. Reducida a la primera aventura frustrante al escapar del convento y a su posterior matrimonio con Thorne, que aumenta su desdicha de mujer que no podía vivir sin conocer el verdadero amor. Pues en el campo afectivo también existen las estaciones. Por eso, levanta una verdadera fortaleza que protege su corazón, ensayando una estudiada coquetería. No se deben confundir la alegría de vivir, de bailar, de sobresalir, de combatir, de pasar el momento y ser ella misma, con la entrega a discreción de las mujeres disipadas que no distinguen los hombres de su lecho. Es bien curioso, Manuelita pese a los esfuerzos de los ratones de biblioteca con deseos de encontrarle una prueba de otro desliz, incluso del chismoso y ameno Ricardo Palma, en medio del ajetreo social y su encumbrada posición, mantiene a su manera su virtud y guarda el tesoro de sus placeres a un solo hombre: Bolívar. Algo místico se deriva de esa actitud.

Comparada con Josefina la esposa de Napoleón, Manuelita cuando conoce a Bolívar es casi una inocente. Josefina, al encontrarse con Napoleón, era la amante de Barras, quien preside el Directorio que gobernaba a Francia, el cual para evitar líos con su mujer le buscan un marido, al que mandan a una misión lejana en Egipto. Napoleón, comparado con Bolívar es un tanto inexperto en los líos de faldas. La voluntad de mando se concentra en Napoleón de tal forma que posterga el desarrollo de la vida sentimental; a pesar que en Egipto como apasionado italiano no deja de besar la foto de Josefina, ignorando las burlas de su Estado Mayor. También maldecirá varios días cuando se entera de la infidelidad de su amada, la que lo avergüenza en doble grado, por cuanto Inglaterra y su ejército se enteran de los cuernos que en París le pone su esposa. Todo por una carta que el espionaje inglés intercepta del joven militar que satisface a Josefina en ausencia del marido, donde le comenta a un compañero de armas sus aventuras. Carta infamante que publicó la prensa de Inglaterra.

A Bolívar la desenfrenada cabalgata por media América en busca de la libertad de estos pueblos, le va quebrantando inmisericorde la salud. Una prematura decrepitud va como estrangulando su prodigiosa vitalidad. Sus contemporáneos que lo conocieron de cerca también comentan: "cumplirá 45, pero parece tener mucho más" "cuerpo delgado y flaco, brazos, muslos y piernas descarnadas" "los huesos de los carrillos agudos y las mejillas chupadas". "La cara se oscurece con el mal humor" "La tez pardusca y lívida", no puede andar mucho a pie, pues se fatiga pronto". "No permite que se fume en su presencia". Varias veces encontramos comentarios de esa índole en el "Diario de Bucaramanga" de Perú de Lacroix, el mejor reportaje ambulante que se hizo a Bolívar. A menudo Bolívar le escribe a sus subalternos y amigos comentando sus quebrantos y enfermedades: "Mi salud, que se destruye con estos temperamentos. Yo debo ir por algunos días o meses a Leiva a fin de reponerme para continuar en esta penosa carrera llena de disgustos y dificultades; ahora mismo me fuera, tal es mi estado de quebranto". A Páez, a Sucre, a Urdaneta, nuevamente a Briceño, Restrepo y Montilla, les comenta sus achaques y mortificaciones. La noticia de su enfermedad traspasa el océano y su gran amigo el abate de Pradt, le escribe a Fernández Madrid:

"Me ha afectado vivamente la noticia de la enfermedad del general Bolívar que traen nuestros papeles públicos. En las cancillerías se especula sobre la posibilidad de una muerte prematura que privaría al continente de su máximo conductor espiritual y militar". Martínez Zulaica hace un seguimiento riguroso de la enfermedad del hombre. Y destaca el episodio que narra con vivo realismo Perú de Lacroix, de sus relaciones con los médicos: "El paseo matinal en Bucaramanga se ha suspendido porque su excelencia está un poco enfermo. Mientras toma el té recibe a alguno de sus servidores. Entra el doctor Moore a toda prisa. Bolívar sonríe. Examina. Esculapio y ordena: "Un vomitivo, un tártaro emético. Excelencia". No tomaré tal cosa, dice Bolívar. –"Entonces continúe usted con el té, Excelencia". –Mientras el doctor se aleja, inquieto, refunfuña el Libertador:

> "–Este doctor siempre con sus remedios y sabe que yo no gusto de drogas de botica, pero los médicos son como los obispos: aquellos siempre dan recetas y éstos bendiciones... El buen hombre del doctor Moore; está orgulloso de ser mi médico, y le parece que aquella colocación aumentará su ciencia; creo que efectivamente necesita de tal apoyo... Conmigo es de una timidez que perjudicaría sus conocimientos y sus luces, aunque tuviese las de Hipócrates. La dignidad doctoral que se le ve algunas veces es un vestido ajeno de que se reviste y le sienta mal. Está engañado si piensa que le tengo fe a la ciencia que profesa, en la suya y en las recetas. Se las pido a ratos, para salvar su amor propio y no desairarlo, en una palabra, es para mí un mueble de aparato, de lujo y no de utilidad".

Allí se ve que el Libertador no había encontrado cura a sus múltiples dolencias con los medicamentos clásicos de la época. Es precisamente Manuelita la única, según sus palabras, que logra aliviarlo y calentar el frío que se va minando su organismo.

Pese a que Bolívar en 1828 es un hombre apenas maduro, ya se sentí aun tanto agobiado y avejentado, en carta a Manuelita le confiesa sus achaques y la importancia que da a su relación:

"Adorada Manuelita

Gracias doy a la Providencia por tenerte a ti, compañera fiel, tus consejos son consentidos por mis obligaciones, tuyos son todos mis afectos.

Lo que estimas sobre los Generales del grupo (Paula, Padilla, Páez) no debe incomodarte; deja para las preocupaciones de este viejo, todas tus dudas.

Espero seguir recibiendo tus consideraciones, como el amante ansioso de tu presencia.

Te ama

Bolívar"

Días más tarde vuelve a dirigirse desde Bucaramanga a Manuelita:

"Mi adorada Manuela.

Me encuentro aquí sólo, en esta ciudad que me turba con las noticias que a diario recibo de las deliberaciones de la Convención de Ocaña; sé que me falta tu consejo y tu presencia, aquí donde todo me es ingrato.

La Gran Colombia se sumerge en la discordia de los partidos y no queda otro camino que sucumbir, o la dictadura. ¿Qué me aconsejas?

Bolívar".

~

"Mi adorada Manuela:

Mi fiel acompañante Lacroix toma nota minuciosa de mis descargas de ánimo, y me dice durante largas jornadas de conversación, que la Patria y la historia me deben todo. En eso concuerda contigo, y me hace recordarte.

Pero no solamente con nostalgia te trae a mi mente; pues se trata del ansia con la cual mis sueños se iluminan con tu mágica sonrisa. Si, aún añoro esos besos tuyos y tus fragancias.

Tuyo

Bolívar".

Las cartas de Manuela no son menos entusiastas:

"Simón mi hombre amado"

Estoy metida en la cama por culpa de un resfrío; pero esto no disminuye mi ánimo en salvaguardar su persona de toda esta confabulación que está armando Santander.

¡Dígame usted! Que por esto pesqué el resfrío, por asistir a una cita. Supe esta tarde, a las 10, los planes malvados contra su ilustre persona, que ya perfeccionan Santander, Córdova, Crespo, Serna y otros, incluido seis ladinos. Incluso acordaron el santo y seña.

Estoy muy preocupada, y si me baja la fiebre voy por usted, que es un desdichado de su seguridad.

Manuela".

Manuelita, cuando se entera de que los conjurados están juramentados por asesinar a Bolívar en un baile de disfraz, le dice:

"Señor mío:

Le ruego por lo que más quiera en este mundo (que no soy yo), no asista a ese baile de disfraces; no porque usted se encuentre obligado en obedecerme, sino por su seguridad personal, que en mucho estimo; cosa que no hacen sus generales, ni la guardia.

Desista usted por Dios de esa invitación, de la cual no se me ha hecho llegar participación, y por eso haré lo que tenga que hacer, en procura de su desistimiento. Sabe que lo amo y estoy temerosa de algo malo.

Manuela".

(En ocasión de ese baile Manuela se vistió de hombre y apareció súbitamente en la reunión, produciendo una gresca fenomenal y el desconcierto de los asesinos, lo que providencialmente le dio tiempo a Bolívar de salir indemne).

En otra misiva le advierte:

"Tengo a la mano todas las pistas que me han guiado a serias conclusiones de la bajeza en que ha incurrido Santander y los otros en prepararle a usted un atentado. Horror de los horrores, usted no me escucha; piensa que sólo soy mujer. Pues sepa usted que si, además de mis celos, mi patriotismo y mi grande amor por usted, está la vigilia que guardo sobre su persona que me es tan grata para mí.

Le ruego, le imploro, no dé usted la oportunidad, pues han conjurado al golpe de las doce. ¡Asesinarlo; ¡De no escucharme usted me verá hacer hasta lo indebido por salvarlo!

Manuela.

En este clima político candente le escribe Bolívar a Santander uno de sus mensajes memorables y descarnado, en cual le aclara:

"El que yo haya redactado esa ley del 20 próximo pasado, censurándole y destituyendo su persona de su anterior cargo de la Vicepresidencia, entre otros asuntos, y quedando este suprimido, no alienta a la reconciliación. Puede usted discrepar con respecto a mi actitud, como ya lo ha hecho, malinterpretando esta ley, que sólo es salud de la República.

No vacile usted de enfrentarme si es su estima. Probaré que es útil en la consecuencia de dar paz y tranquilidad, porque no deseo transigir de aquí en adelante por este siguiente motivo: Manuela es para mí una mujer muy valiosa, inteligente, llena de arrojo, que usted y otros se privan en su audacia. No saldrá (ahora menos) de mi vida por cumplir caprichos mezquinos y regionalistas. La que usted llama "descocada" tiene en orden riguroso todo el archivo que nadie supo guardar más que su intención y juicios femeninos.

Pruebas de la lealtad de Manuela se han aparecido en dos ocasiones; el 10 de agosto en la celebración del aniversario, comprometiendo su dignidad. Sólo por hacerme retirar del sitio de mis enemigos y salvar mi vida. ¿Que no hubo tal para semejante excusa? Pregunte usted a Don Marcelo Tenorio. Yo no me fío de habladurías; ella misma me explicó este suceso, aun con el temor de que la corrieran de Santafé.

¿Puedo yo ante la verdad elocuente desoírla? Dígamelo usted o disuádame de lo contrario, que en usted veo aún dignidad por su posición; pretendiendo yo he obrado a la ligera y que ella se sobra en mis decisiones; ¡Jamás! Si bien, "confío en Manuela ciegamente", no ha habido la más leve actitud en la persona de ella que demuestre desafecto o deslealtad, no ha defraudado mi confianza. Como supuesto todos saben que en mi recia personalidad no toleraría jamás una afrenta a mi dignidad; y por eso, Manuela no recogerá el fardo asqueroso de mi desvergüenza sólo por ser mujer. Quienes así la denigran, se cargan con la miseria de la maledicencia, y la corrupción de sus palabras atraganta sus pescuezos ávidos de la horca.

Si por esta útil y justiciera defensa me tildan con el oprobio insufrible de Tirano, no me queda más que recurrir al espacio de la historia, donde se contemplan los actos de los hombres a quienes la justicia divina da, en reciprocidad, el justo premio a sus virtudes, o el castigó a sus infamias.

Dios guarde a usted.

Su Excelencia el Libertador.

Bolívar".

Esas letras del gran hombre hablan con elocuencia por sí mismas, en ella defiende no solamente a Manuelita, sino que le hace honor y justicia al sexo femenino, reconoce las cualidades y el aporte que a su vida de hombre de Estado y de hombre de carne y hueso. Eso en un tiempo en el que en esta parte de América la mujer era considerada, poco más o menos, como un objeto, casi qué como un niño, incapaz de velar por sí misma, responder por su corazón y ser libre. En algunos lugares de América la mujer se sentaba en el suelo mientras su marido recibía las visitas en la casa de ambos, caminaba unos pasos detrás de éste y rara vez se le permitía manejar su patrimonio.

¿Qué había hecho Manuelita para ganarse la antipatía y animadversión insana del partido santanderista? ¿Qué era lo que tanto les repugna de esa guapa y leal enamorada, custodia del archivo y la gloria del gobernante de los colombianos? No le perdonan su franqueza, elegancia, ni su estilo desenvuelto y mundanal, su arrogancia cuando la irritan, su unión física y espiritual con Bolívar. Manuelita, como sucede con las mujeres realmente bellas e interesantes, se impone a todos, seduce a las masas. Sin proponérselo, por el solo hecho de existir, de andar por el mundo a caballo y de pantalones, inspira amores y odios, admiración y recelos. En ella, como en toda gran mujer, da la impresión que se diera el mito de Pandora. Las masas la idolatran, en especial los soldados, con los que suele mezclarse, compartir el rancho, conocer de sus sufrimientos, angustias y necesidades. Bolívar y Manuelita están en el corazón de la soldadesca. Ninguna otra mujer en la Gran Colombia ni en la América puede compararse con ella. Coronela y heroína en Ayacucho, amante y salvadora del Libertador y su agente más segura y celosa. Manuelita, pese a no tener hijos o quizá por esa misma razón, es vista como una madre por los soldados. Ella intercede por ellos ante Bolívar y en sus almas ingenuas le rinden culto a su belleza, bondad y soñadores encantos.

En sus mentes limpias y endurecidas en mil combates, los soldados la sienten como una más entre ellos. Otra desarraigada, unida a la familia y la vida dura del vivac de compaña compartida con Bolívar. También, ella, la quiteña, renegó de su estatus de señora de Thorne, produce una identificación con las tropas que llega a disgustar a un valiente oficial como Córdova, mucho más a Santander que con su proverbial sutileza, capta los peligros que encierra para él ese influjo que sobre las tropas se le atribuye a Manuelita. En realidad, al ser tan fuertes los lazos que la atan a Bolívar y tan irresistible su encanto, casi que al instante de llegar a Bogotá instintivamente los partidarios de Santander, en medio de las consabidas zalamerías virreinales tratan de morder la mano que acariciaba en las noches a Bolívar. Esas blancas y suaves manos que parecían de alabastro y que eran la envidia de casi todas las señoras. Además, por ser mujer va influir en diversos campos a donde no llegan los intereses masculinos. Ella fuma y toma champaña y oporto en cantidades moderadas, vestida a lo militar o de trajes vaporosos no deja de ser la más elegante, la que atrae todas las miradas de admiración y la envidia en las fiestas, pues suele bailar hasta el cansancio y contagiar al público con su alegría. Las jovencitas, que no están al tanto de los desencuentros de Bolívar y Santander, la imitan, muestran una especial devoción por ella y sufren los efectos del estilo Manuelita. Hasta las tropas se filtró, como una conseja, el contenido de una de sus cartas más descarnada a Bolívar, en referencia a su marido. Entonces su franqueza ganó a las tropas, siendo motivo de incomprensiones y chismes entre los políticos y burócratas de Bogotá.

La carta de Manuelita a Bolívar reza:

"Muy señor mío:

Yo sólo sé que usted se hace más difícil en cuanto se entretiene en homenajes muy justamente rendidos en honor a la gloria de usted; cosa que en cierto modo me resarce de su ausencia y me alimenta en lo que a mí refleja su sombra de gloria.

Sí, porque sólo la sombra de usted, mi Glorioso Libertador, es la que me cubre en el absurdo de mi convivencia en este hogar que aborrezco con todo mi corazón. Mi mortificación va en el sentido de la ausencia de usted, aunque no me entristece todavía, pues guardo su imagen constante como aliciente de este desatinado matrimonio que lejos de entristecerme me envilece, por el desagrado que atiendo las cosas de la casa como matrona. Contésteme usted, aunque sea sólo una línea, ¿sí? Dele vida a esta pobre mujer que amargada por las circunstancias desea sólo estar a su lado y no apartada de usted.

Suya

Manuela".

Otra carta privada no menos franca y dolorosa, muestra a las claras el drama que debió sufrir no solamente con su esposo, sino con las rivales que explotan el lado seductor de la personalidad de Bolívar en 1824, cuando le manifiesta a su amante:

"Muy señor mío:

Me pregunto a mí misma si vale la pena tanto esfuerzo en recuperarlo a usted de las garras de esa pervertida... que lo tiene enloquecido últimamente.

Dirá usted, que son ideas absurdas. He de contarle que sé los pormenores de muy buena fuente, y usted, sabe que sólo me fío de la verdad. ¿Le incomoda mi actitud? Pues bien: tengo resuelto desaparecer de este mundo, sin el "permiso de su señoría", ya que no me llegará a tiempo, debido a sus múltiples ocupaciones...

Manuela".

La respuesta del amante es rotunda y dramática:

"Tú me pides que te diga que no quiero a nadie. ¡Oh! no, a nadie amo: a nadie amaré. El altar que tú habitas no será profanado por otro ídolo ni otra imagen, aunque fuera la de Dios mismo. Tú me has hecho idólatra de la humanidad hermosa o de Manuela. Créeme, te amo y te amaré sola y no más. No te mates, vive para que consueles a los infelices y a tu amante que suspira por verte.

Bolívar".

Capítulo VI

LAS PINCELADAS DE GERMÁN ARCINIEGAS. EL SABIO BOUSSINGAULT. DABA MIEDO CON LA LANZA. DE SEÑORA DE THORNE A GUERRERA BRAVÍA. RESPIRANDO AIRE MEFÍTICO. PATIVILCA. JUNÍN. AYACUCHO. REPUDIO AL PARLAMENTARISMO. EL ALTAR QUE TÚ HABITAS. SANTANDER SE ATRINCHERA EN EL CONGRESO. EL FRÍO VICE DESESPERA. EN CIERTA FORMA, PROVINCIANO. LA DESMEMBRACIÓN DE LA GRANCOLOMBIA. EL MAQUIAVELISMO MAGISTRAL. EL JUICIO AMAÑADO A INFANTE.

El maestro Germán Arciniegas, que no entendió del todo ni apreciaba ni a Bolívar ni a Manuelita, traza con objetividad y en breves pinceladas el hilo de la trama sentimental y política, a partir del encuentro providencial en Quito. El maestro afirma que: "Desde la noche en que Manuelita se robó a Bolívar en Quito hasta la noche en que le salvó la vida en Santa Fe de Bogotá, debió espantar siempre a las damas de buena sociedad. En las tres capitales: en Quito, en Lima, en Bogotá, cerraban las ventanas las señoras para no verla pasar entre soldados y generales.

En Quito era la que abandonó al marido, en Lima la querida de Bolívar, en Bogotá la que acaudillaba soldados como un coronel. Juan Bautista Boussingault la conoció después de las tremendas campañas del Perú y de los duros viajes que hizo Manuelita siguiéndole los pasos a Bolívar. Era Boussingault mozo de 26 años y peor aún: francés, novelero, cortesano, espirituoso. Dejó de Manuelita pinturas tan movidas que hoy producen entre los historiadores los mismos aspavientos que la presencia de la heroína entre las damas de su tiempo. Podría discutirse que Boussingault fuera un sabio, y nadie lo niega, pero lo que es evidente, y todos afirman, es que en materia de mujeres era experto. El retrato que hace de Manuelita en Bogotá sirve para darse tanta cuenta de ella como de él:

> "No confesaba su edad. Cuando la conocí, representaba veintinueve a treinta años; estaba en todo el esplendor de su belleza irregular: linda mujer, gordita, ojos oscuros, mirada indecisa, tez rosada de fondo blanco, cabellos negros... A veces una gran señora, a veces una ñapanga (por el baile popular de la época). Bailaba con igual gracia un minué o la cachucha... Poseía un encanto secreto para hacerse adorar... Fumaba graciosamente... Sus manos eran de las más bellas del mundo".

Sigue Arciniegas;

> "Para Bolívar Manuelita no era sólo la mujer de las manos más bellas del mundo, de magnética atracción amorosa, era además la republicana fiera, astuta, implacable, que se vestía de soldado y daba miedo con la lanza. Era la generala del general. Cuando Bolívar llegó a Quito tocó la línea ecuatorial de su mundo histórico. Al norte dejaba la mitad libre del mapa: le quedaba al sur la otra mitad.

Tendría que disputársela a San Martín en Guayaquil, para saber de quién era la gloria. Y Manuelita, para eso, era la divina que no falla. Sabía de las intimidades del sur cuanto pueden saber las mujeres que conspiran, que se apasionan por una causa, que se abrazan a una idea".

"Era Bolívar celoso de su gloria. Manuelita, celosa de la gloria de Bolívar. Desde el instante en que Manuelita se incorpora en el tren militar del Libertador, ya es la vigilante que todo lo columbra, la agitadora que todo lo despierta, la que le vela en el sueño, la que le sigue los pasos, la que no tolera que nadie le haga la más leve sombra. Ella le reclama: "Estoy muy brava y enferma: es cierto que las grandes ausencias matan el amor, y aumentan las grandes pasiones... El general Sandes llegó y no me trajo nada de V. ¿Tanta recuesta escribirme? Si tiene vuestra excelencia que hacer violencia, no haga nada. Yo salgo el 1 de diciembre y voy porque V. me llama, pero después dirá que vuelva a Quito, pues "más bien prefiero morir que pasar por sinvergüenza" Manuela.

Bolívar, a su turno, no se queda corto: "Tú quieres verme, siquiera con los ojos. Yo siempre quiero verte y reverte y tocarte y sentirte y saborearte y unirte a mí por todos los contactos. ¿A que tú no me quieres tanto como yo? Pues bien, esta es la más pura y la más cordial verdad. Aprende a amar y no te vayas ni aún con Dios mismo".

"A la guerra del Perú se fueron Bolívar y Manuelita. El Libertador llegó a Lima primero. Enseguida cayó ella. Pronto, ella, en el despacho, recibía las cartas y las ordenaba".

"Salí de Lima —escribió Bolívar a Santander— a interponerme entre Riva Agüero y los godos de Jauja, porque este malvado, desesperado de triunfar, estaba tratando de entregar su patria a los enemigos, para salir con más provecho, aunque menos lucido" Manuelita quedó en Lima hecha un ministro, o mejor; una guerrillera que celaba, de lejos, a su dueño. En diciembre de 1823 Bolívar describía a Santander, desde Pellasca, el paisaje:

> "En medio de los Andes, respirando un aire mefítico que llaman soroche, sobre las nieves y al lado de las vicuñas, escribo a usted esta carta que deberá estar helada, si un cóndor no se la lleva y la hace calentar con el sol... Los godos son terribles... Tomaremos posiciones en las cimas de los Andes". A los dos días escribía a Torre Tagle. "Ya tiene usted al Perú en paz interna; los adictos a Riva Agüero han desaparecido". En seguida Juan José Santana le escribía a Manuela: "Quiero ser el primero en dar a usted la noticia: Ya tiene usted destruida la facción de Riva Agüero. Pronto estaremos en Lima".

No pudo regresar Bolívar a Lima de inmediato. La campaña lo había destruido. Tuvieron que llevarlo a Pativilca medio muerto. En Pativilca comenzó a revivir. Santana le escribió a Manuela: "Está ya en estado de convalecencia. Sin embargo... nuestro viaje a Lima no está tan pronto... Aquí estamos como alma que se lleva el diablo, muertos de calor, de fastidio ya aburridos". "En Lima los realistas celebraban las noticias de que Bolívar estaba muriéndose. Se alzó el Callao. Entraron los de Callao a Lima. Entre los primeros, dentro de la lista de los que deberían ir a la cárcel, estaba Manuela. La astuta olió el peligro y no se dejó agarrar. Metió a toda prisa, en cajas, el archivo de Bolívar, vistió de militar y partió en busca de su dueño".

Arciniegas continúa con su apasionante relato:

"A distancia, Manuelita lo seguía. Manuelita anduvo trescientos kilómetros por el infierno de frío, donde la escarcha quema. Pasaron juntos una noche en Huaraz. Luego, siguió Bolívar adelante. Manuelita sola era una división de Cruz Roja. Al acercarse a las llanuras de Junín Bolívar dice unas cosas incomprensibles a los soldados que los hacen enloquecer de ganas de pelear. Les dice: "El Perú y la América toda guardan de vosotros la paz, hija de la victoria, y aun la Europa liberal os contempla con admiración, porque la libertad del Nuevo Mundo es la esperanza del universo". "Vino la batalla y la victoria. Se alzó la mano de los incas vengadora". "Una alegría feroz de amor de victoria iluminó el rostro de Manuela. Tras la victoria de Junín, vino Ayacucho. Y fue la libertad de América, lo que Bolívar había dicho a los soldados".

Arciniegas, sigue:

"Ya no tiene sino un sabor amargo. Cuando Bolívar recibía la noticia de Ayacucho de labios del capitán Alarcón, que irrumpe en su despacho al grito de ¡Victoria! ¡Victoria! ¡Victoria!, debió sentir con la alegría infinita de ver cumplir su misión libertadora, la dura impresión de que comenzaba su áspero camino, sin esperanzas, de organizar las repúblicas. Y sobre esta materia sus dudas eran abismos. En la Nueva Granada Santander defendía la democracia civil, el imperio de una constitución representativa. Era el hombre de las leyes, como decía Bolívar. Los amigos de Bolívar, sus compañeros de armas, estaban por el predominio militar, querían a un Bolívar omnipotente y suyo, repudiaban la idea de los congresos. Por otra parte, Venezuela no se sometía al gobierno de la Nueva Granada, querían vida propia. Páez surgía como el gran caudillo con la le-

> yenda de las Queseras del Medio que lo convertía en el gran centauro de los Llanos. ¿Podría permanecer Bolívar en Lima al margen de todo? ¿Mirar a distancia la hoguera que se prendía sobre la Gran Colombia? ¿Vivir en la quinta de la Magdalena haciéndole el amor a Manuelita? ¡Ni ella lo permitiría! El Libertador debió embarcarse en Guayaquil, más melancólico que resuelto. Y echó a andar. Hacia Bogotá. Hacia el azar. Lo vio salir Manuela y no le dijo 'Adiós', sino 'Te alcanzaré muy pronto' 'Quedó como una mujer que hace la guardia'".

Arciniegas omite que: (Santander en Bogotá, no celebra el triunfo de Ayacucho, la envidia del burócrata lacera su ser cuanto otros consiguen la gloria).

Bolívar encuentra en Bogotá a un Santander receloso al mando de un partido civilista que propugnaba por mantener la Constitución vigente sin ninguna reforma, que no era otra cosa que el poder del Congreso en manos del hombre de las leyes. Manuelita sufre las desventuras de los levantamientos en el Sur. Las noticias sobre el distanciamiento cada vez mayor entre Bolívar y Santander vuelan. Para el segundo no era grato verse desplazado por su superior después de tantos años atornillado al poder, dispensando favores a capricho, manteniendo una verdadera corte de parciales en la burocracia y casi en todas las actividades de la vida del país, desde los contratos de velas militares y de las salinas, hasta el gran empréstito que negociaron sus allegados con Inglaterra. En el consejo de ministros —según Restrepo— amenazó el vicepresidente en comandar una guerrilla con Obando y López contra Bolívar.

Santander, por lo general, recela frente a los planes grandiosos de Bolívar como la creación de la Gran Colombia. Se allana a respetar sus grandiosas ideas, en tanto se quedaba con el control de la Nueva Granada. La llegada del Libertador lo deja en el aire. Donde está el Libertador no puede haber dos amos. Su desencuentro es evidente. Ya en el consejo de ministros había manifestado sus preocupaciones y franca aversión a la constitución bolivariana. Al verse desplazado, todo su ser que vivía del papeleo burocrático, la decisión de escritorio, el manejo del Congreso, de la política interior, de las pequeñas pasiones de Santa Fe, se resiente cada día más. Mucho más en la medida en que se siente capacitado para mandar en la Nueva Granada, sin mayores oponentes de cuidado. Apenas le pueden hacer sombra Bolívar y Sucre. Acostumbrado al mando, a ser obedecido casi sin discusión en un sistema de democracia más aparente que real, Santander desespera. Sabe que por el momento nada puede frente a la gloria de Bolívar, más su fino instinto político le dice que si se desintegra la Gran Colombia, él será el hombre de la Nueva Granada. Las relaciones con Venezuela están de mal en peor. No ignora que a diferencia de Bolívar y Sucre carece de capacidad de convocatoria en Venezuela y Ecuador. Es un político local y cegado por el espíritu de fronda. Está seriamente comprometido con la crítica del Congreso de Santa Fe de Bogotá contra el general Páez. Sin el concurso solapado de Santander entre sus parciales del Congreso, habría sido impensable un juicio a Páez. La intrincada trama santanderista aprovecha cualquier oportunidad para tejer pacientemente los hilos de la división. La jugada es de un maquiavelismo magistral. La mejor manera de deshacerse del Libertador sería que cayera en combate por someter a Páez. Cualquiera fuese el resultado saldría fortalecido Santander. Se las ingenia para fomentar la discordia y conmina a Bolívar para que someta por la fuerza al arisco llanero que se niega a postrarse ante el Congreso de Santa Fe. La presión sobre Bolívar de los solapados políticos que orienta el vice es cada vez más irresistible. En apariencia el Libertador se presta a su juego. Al poco tiempo de estar en Bogotá, parte con un ejército poderoso a someter a Páez e impedir por las armas si es preciso la disgregación de la Gran Colombia. El partido santanderista está de plácemes; han logrado que Bolívar atienda los tambores de marte. Se especula sobre su resistencia física y la posibilidad que su salud se resienta y flaquee en el camino. Los orejones saben de intriga tanto como el florentino. Pero Bolívar seduce a Páez con el encanto de su política y poderoso magnetismo personal, como por la fuerza militar que despliega... Es evidente que percibe la hábil trampa de Santander.

Las relaciones con Venezuela se habían agriado por los procedimientos leguleyos e impositivos que se empleaban en Bogotá, se habían tornado críticas por el juicio que se le hizo en Bogotá a Leonardo Infante, héroe venezolano de la independencia que vivía en el barrio de la Perseverancia, acusado sin suficientes pruebas del asesinato de Francisco Perdomo, cuyo cadáver aparece en un lluvioso amanecer flotando en el río San Francisco. Se inicia un juicio sumario y el fiscal Francisco Soto, de la confianza de Santander, pide la pena de muerte. El tribunal compuesto por los doctores Miguel Peña, Félix de Restrepo y Vicente Azuero, más dos jueces militares, el coronel Antonio Obando y el coronel Mauricio Encinoso. Los jueces en el momento de fallar se dividieron: Peña y Encinoso, piden la absolución. Obando y Azuero, dos reconocidos y disciplinados santanderistas, están por la pena de muerte. Restrepo, la degradación. Al no lograrse perfeccionar una mayoría se convino en nombrar de conjuez al doctor José Joaquín Gori, quien suma su voto a los que estaban por la pena de muerte. Lo que hacía un claro empate. Las presiones del vicepresidente Santander con pasmosa intensidad a lo largo del proceso, dejaron en las calles, principalmente entre el pueblo venezolano, la impresión de que se trataba de retaliaciones judiciales contra veteranos y valerosos héroes de la independencia. El famoso presidente del Tribunal doctor Miguel Peña, prefiere renunciar a someterse a la farsa e indebida presión del Ejecutivo. Soto y Azuero claman por sancionar severamente al doctor Peña. El público sigue en los periódicos de Caracas y Bogotá con suma atención y apasionamiento el caso.

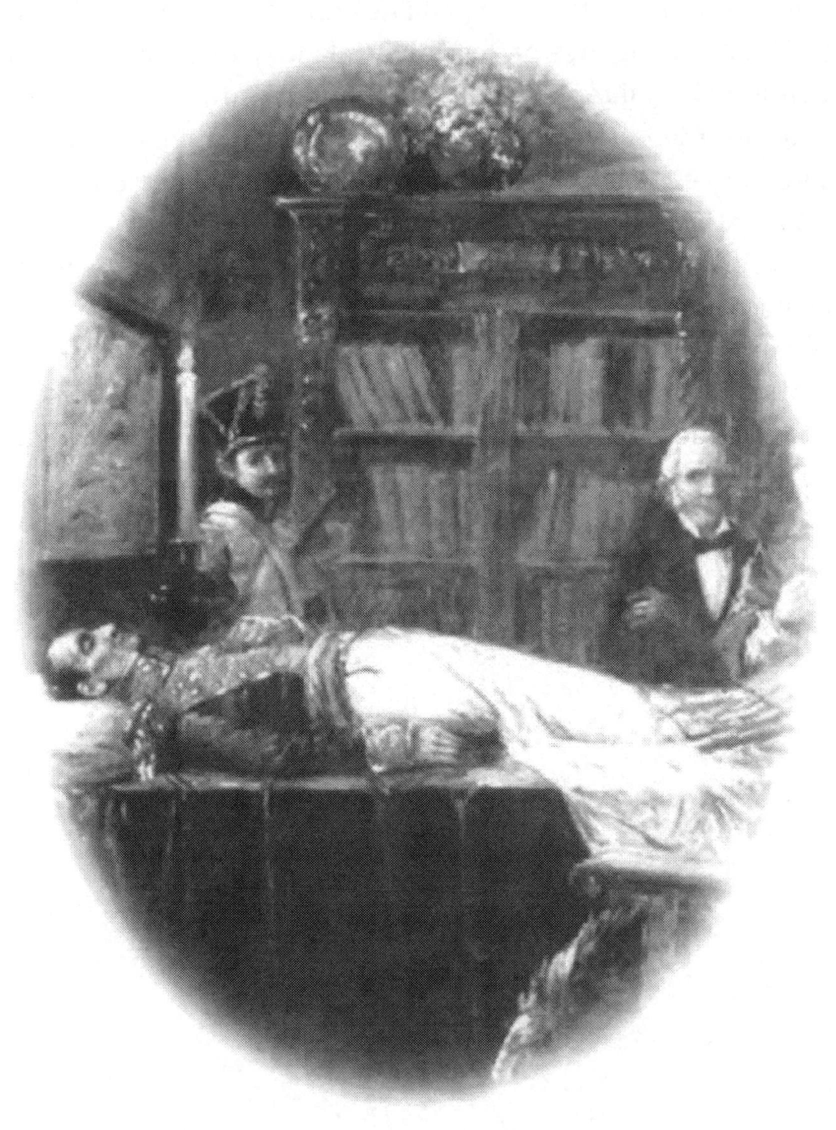

Capítulo VII

UN CRIMEN DE ESTADO. LA IMPIADOSA PERSECUCIÓN AL DOCTOR PEÑA. ÉSTE DENUNCIA AL VICE ANTE BOLÍVAR. LA INQUINA VISCERAL DE SANTANDER CONTRA EL LIBERTADOR. EL DESDÉN GENEROSO ES PELIGROSO. UN ENEMIGO CON LAS ARTERIAS DE MAQUIAVELO. EL ASESINATO, UNA ASTUCIA RECOMENDABLE. TAMBALEA LA GRAN COLOMBIA. OMINOSA SOLIDARIDAD DE SANTANDER CON BUSTAMANTE. LA LOGIA HOMICIDA. PRIMERO MORILLO QUE BOLÍVAR. MOSQUERA DENUNCIA LA LOGIA. EL ASESINATO DE SUCRE. LA MUERTE RONDA POR TODOS LOS CAMINOS. MANUELITA EN MEDIO DE LA TEMPESTAD. EL ÚLTIMO ADIÓS.

El vice Santander, desde su alta investidura interviene para sostener que: “En concepto del poder ejecutivo, la resistencia de la Corte marcial a firmar la determinación de la mayor parte del Tribunal en el juicio contra el coronel Leonardo Infante, es contra la Ley de Indias cuya observación debe el Tribunal exigir hasta donde alcance su poder". Santander, que fusila a prisioneros españoles en contra del parecer de Bolívar, cuando le conviene apela al antiguo derecho hispánico para legitimar sus tortuosos designios. La voluntad de Santander y sus parciales prevalece y muchos en Colombia piensan que se estaba cometiendo un verdadero crimen de Estado en la persona de Infante, un típico representante de los soldados adictos al Libertador. Intriga que afecta y no por casualidad, las normales relaciones entre Venezuela y la Nueva Granada, y abre una grieta entre las partes que se convertiría en abismo cuando se intentó juzga en Bogotá al héroe venezolano por excelencia José Antonio Páez. Muerto Infante, vendría una despiadada persecución contra el doctor Miguel Peña, que deja el amargo sabor de deliberado ensañamiento para enrarecer más el ambiente de disolución entre los pueblos.

El caso contra Peña resulta dudoso por los antecedentes conocidos y por cuanto se adujo que no había entregado una suma de dinero enviada desde Bogotá al gobierno venezolano en el cambio de moneda acordado. Peña siempre alegó que él había cumplido lo pactado. Sin poder evitar el destierro y los conflictos que le creaban semejantes cargos en la Nueva Granada, donde después de lo de Infante y cuando él era presidente de la Corte no había podido evitar tanta injusticia, más impotente sería en la desventajosa situación de reo en manos de los santanderistas exaltados. ¿Quién puede sorprenderse que Peña sea uno de los más fervientes separatistas que impulsaron a Páez en la hora decisiva? La presencia del Miguel Peña como presidente de la Corte Suprema, hacía parte del equilibrio institucional con Venezuela, quebrantado por una suerte de golpe de Estado, que agrava el malestar en Caracas. Eso era precisamente lo que buscaban los conspiradores de Bogotá.

Sobre las rivalidades entre el doctor Peña y el vice Santander, vale la pena repasar una carta que el primero le envía a Bolívar, desde Cartagena cuando estaba a punto de embarcarse para Venezuela y no volver:

> "Mi venida a esta ciudad fue efecto de prudencia y de la más inevitable necesidad: después de una cuidadosa asistencia, mis males resisten a la acción de la medicina y el desentono de mi estómago continúa; por otra parte mi residencia en Ocaña a la vista de mis enemigos triunfantes era más dura que un suplicio; resentido yo, y procediendo ellos con su descarada osadía, me hubieran proporcionado comprometimientos desagradables, en que la justicia había perdido su mérito dominada por la fuerza; yo estaba convencido que ellos habían determinado hacerme todo género de males y principalmente no dejarme entrar en la convención, y como les conozco de antemano sabía y sé que son hombres a quienes les son indiferentes para conseguir sus fines y para quienes el desprecio de la justicia y de la razón es el menor de los crímenes; por sus principios preveía el desenlace de mi ocurrencia, y que parecía un sacrificio tan estéril como fuerte volver a Ocaña a presenciar la satisfacción de su orgullo con mengua de mi carácter.

Santander y algunos de su partido trabajan por intereses muy queridos, por su propia tranquilidad y conservación: con muy profunda hipocresía disfrazan sus hostilidades bajo consideraciones de interés común; buscan todos los recursos que el engaño, la intriga, el disimulo, la perfidia y otros más abominables crímenes puedan suministrarle para conseguir el triunfo; ven que ha llegado el momento en que han de efectuarse algunos cambios, y redoblan sus esfuerzos para convertirlos todos en su favor. El partido opuesto no les quitará la presa; su mayor parte se compone de inciertos, tímidos y calculadores que se llaman todos moderados; buscan buenas razones para justificar su silencio, y no dicen la única verdadera, que es por no comprometerse; así es que por falta de energía, concordia y firmeza quedan frustrados los más útiles proyectos en una revolución que tiene el consentimiento universal de la parte sana de Colombia, pero en el seno de la Convención se encuentra por debilidad o pasiones de sus miembros, una minoría que forma un contraste chocante con los deseos de todos los pueblos, y que convence hasta la eficiencia de la injusticia con la que se la llama representación nacional.

> ¿Sabe usted cuál es en mi concepto, la verdadera cuestión que se discute en el día? Los efectos del odio y rivalidad que Santander profesa a usted, es a usted a quien él dirige ahora sus tiros para sacarle de la escena; después marchará con menos dificultad contra sus otros enemigos, y a mi parecer usted rechaza sus golpes con un desdén generoso que conviven poco con un enemigo ambicioso, cruel y cuyo bajo carácter lo forman la codicia y la venganza.
>
> Santander no perdona medio para desacreditar a usted, dentro y fuera de Colombia; se ha valido de la calumnia porque no haya en la conducta de usted, acciones que censurar, la corona que él le atribuye, y que es obra exclusiva de su imaginación, es la misma que el senado romano y los enemigos del ilustre Tiberio Graco le atribuyeron cuando se puso las manos en la cabeza

para pedir auxilio contra el inminente peligro que amenazaba su vida; le imputaron un crimen evidentemente contrario a sus principios y a su conducta, porque buscaban un medio de perderlo, no la salud del Estado. Con inicua impostura triunfaron.

Y usted, oyendo los gritos de la justicia, ha levantado su voz y sus manos contra la corrupción y los vicios que han degradado nuestra patria, y Santander, que los había entronizado y protegido por su propio provecho, ha ocurrido a la corona de Tiberio para inflamar los pueblos contra usted, pero en realidad para continuar su dominación con el título plausible de defensor de las libertades públicas.

Espero que su calumnia no triunfe, porque las obras admirables de usted hacen muy desigual el combate, y la diferencia de los dos caracteres su más honrosa defensa.

Con todo, permítame asegurarle que Santander es enemigo muy temible; todas las arterias de Maquiavelo están en su cabeza, y todos los crímenes de la edad media están en su corazón.

Consultado un pontífice por Carlos de Anjou, que haría con Conradino le contestó:

Salus Caroli, Conradisalus, Conradi, mors Caroli. En esa posición lo tiene a usted Santander; él ha jurado en su corazón destruirlo a usted o usted lo destruye a él. Santander lo halla todo justo para conseguir sus proyectos; él cree que el asesinato es un crimen para el pueblo; pero que entre los grandes es una astucia recomendable, él piensa que, si el enemigo no puede destruirse por la fuerza, el veneno debe hacer oficio de verdugo; si no encuentra hombres buenos para sostener la causa, se asociará a los malos para hacerlos participar del odio público y comprometerlos en la empresa; usará de la virtud o del crimen con tal que triunfe. Si usted cuenta con toda la fuerza armada; él excitará conmociones en los pueblos desarmados; y si usted castiga la sedición, él proclamará que usted ha hecho millares de víctimas para contentar su ambición. Yo le suplico que usted no evite precaución contra un hombre que maquina por placer; y que no piense en ser generoso con quien forma de la ingratitud una parte muy considerable de su carácter.

Dominada la Convención por el influjo de Santander, nada he esperado ni espero de ella: me había alegrado bastante cuando supe que algunos buenos hombres estaban resueltos a abandonar su cuerpo si no se adoptaba un proyecto provisorio que estaba redactado; y que pensaban bajar a Mompóx a formar sus discusiones aparte, y dirigirse a los pueblos con una proclama. Yo había indicado al general Mantilla que si tal cosa sucedía era el más precioso momento para intimarles la orden de que cesasen, y adelantar un escuadrón de caballería a dos días de Ocaña, cuyo objeto fue ocupar la ciudad luego que se efectuase la disolución: suspender toda ulterior reunión, llamar al presidente y un secretario, hacer sellar todos los papeles a su presencia y remitirlos a usted con un secretario y un oficial de confianza, con documentos nacionales. Era mi objeto impedir que los pueblos, extraviados por opiniones distintas, se dividiesen en bandos que produjesen la guerra civil, por causas de dos constituciones arrojadas por corporaciones ilegítimas, a la vez que ninguna de ellas tenía el número legal que exige el reglamento de la materia. Me parecía que el comandante general estaba autorizado para ello en virtud del decreto del 26 de noviembre de 1826, y aún estaba obligado a hacerlo por mantener el orden en su departamento, y alejar los efectos de la discordia. Si ellos hubieran efectuado su resolución, o si la efectuaran, se encontrarían inesperadamente con una medida que ponía toda la revolución en las manos de usted. Yo le he dicho al general que no indique nada a ningún representante, sino que le aconseje la separación, siempre que en Ocaña no quede número legal para que ellos puedan continuar trabajando.

En lugar de aquella resolución que en mi concepto era saludable, han adoptado el partido medio de discutir dos proyectos a la vez, de que usted verá que no sale nada bueno. Entre tanto Santander aumenta sus proyectos, gana tiempo para realizarlos, y tal vez nos da un susto el día menos pensado. No crea usted que él deje el campo sin haber tentado los medios de conservarse; él sabe que si baja no vuelve a subir, y tratará de sostenerse a todo trance: su ambición es inquieta, y él ha encontrado en el mando muchos modos de saciar su codicia. Yo hubiera deseado que los representantes no hubieran hecho la moción de que se llamase a usted a Ocaña, sin contar con un buen suceso seguro, y que usted no hubiera ido, aunque se lo hubieran permitido; porque no debiendo usted esperar buena fe en el partido contrario, ellos hubieran calumniado sus mejores intenciones si usted sacaba de la ida algunas ventajas; y si no las sacaban habrían tenido motivos de jactarse de su firmeza.

Me he extendido demasiado en materias políticas casi impensadamente, y aún me he tomado la libertad de manifestar pensamientos a quien puede ser mi maestro; espero que usted me dispense, mientras yo vuelvo a lo que tiene relación conmigo en particular. Usted me dice en su muy apreciable del 29 de abril último, que recibí ayer, que siente que yo privé a Venezuela de mis servicios. Mañana sale la Independencia para allá, y en ella tomo pasaje; dentro de pocos días estaré en aquellos lugares, siempre obediente a sus órdenes. Si me fuera mal, o si mis servicios allí no fueran útiles, o cuando haya pasado esta crisis, podré deliberar sobre el cargo de cónsul general en los Estados Unidos que usted tiene la bondad de ofrecerme, y por el cual le quedo muy agradecido.

Considero a usted mortificado por la ingratitud de sus enemigos y por el estado de esta patria que usted ha sacado de la nada con tan heroicos esfuerzos; la incertidumbre de su suerte debe serle un vacío que le prive del contento de sus glorias, pero usted puede estar cierto que si el bien no puede hacerse sin escándalo, el número de sus amigos es igual al de la razón pública y al de todos los hombres que toman interés por conservar la nación sin miras desnaturalizadas de intereses personales, me alegraré que su espíritu se tranquilice. Si usted tiene la bondad de honrarme con otra correspondencia será a Venezuela. Mándeme usted dos documentos que fueron con una representación mía a esa secretaría, y disponga de la obediencia y fidelidad de:

Miguel Peña".

La extensa, franca y sutil epístola del doctor Peña, es una radiografía del malestar general, que habla por sí sola de la honda división que hacía tambalear a la Gran Colombia en tiempos de la Convención de Ocaña, y muestra a las claras cómo la táctica política santanderista, por oposición al proyecto unitario del Libertador, estaba por la disgregación y era la piedra en la bota que no dejaba marchar la República por los caminos del entendimiento. Resulta penoso observar que la mayoría de los historiadores han pasado por alto ese documento trascendental, que debe analizarse con precaución, al atender a las luces que aporta sobre la división política que agobia a la nación. Es de pensar que las persecuciones de las que fue objeto el autor tuvieron que ver con el proyecto de división de Colombia, lo mismo que el levantamiento del coronel Bustamante en Lima, al cual, en una larga misiva, tres cuartillas menos que la de Peña, el Vicepresidente Santander, poco después del levantamiento antibolivariano le dice:

> "Conozco a su padre, y fui condiscípulo de colegio de un joven hermano suyo. Honra a usted mucho su lealtad al gobierno y su patriotismo, y cuando se complete el triunfo de la causa de la constitución colombiana, ningún hombre liberal ni amigo de la libertad olvidará el nombre de usted y de cuanto han contribuido a dar una prueba tan solemne de su amor a las instituciones patrias y a la obediencia al gobierno nacional. Esto independientemente de la trascendencia que tenga el suceso del 26 de enero en la suerte próspera del Perú y en la seguridad de otros estados. Escríbame siempre, aunque llegue el general que ha de ir, pues usted conservará un puesto correspondiente en el ejército".

Esta es una de las pocas pruebas irrefutables, que, como en los casos de Páez y Peña, muestran el sórdido sentido de la política santanderista contra la unión de Colombia. Por eso, nadie debe llamarse a engaño ni mostrarse sorprendido por la creciente indignación de Manuelita contra Santander y los extremos a que había llegado la política en Bogotá era un verdadero hervidero de intrigas, de rumores, de susurros que iban de boca en boca mencionando la posibilidad del asesinato de Bolívar, de secretas combinaciones que tomaban los agentes santanderistas en Ocaña. Rumores que llegaban primero a casa de Manuelita y que está transmitía a Bolívar, quien se encontraba en Bucaramanga. Sin embargo, ella no se queda un minuto inactiva, prácticamente reina en Bogotá y desde la

Quinta de Bolívar en las faldas del cerro de Monserrate, es el centro de la vida social y política de la ciudad. En las estancias de la confortable casa colonial, rodeada de bellos jardines y aves de diversos colores, más un oso de su propiedad que ronda por los pasillos intimidando a los inoportunos, decorada con buen gusto y feminidad, vive su poético e intenso romance con el Libertador, que, en cierta forma, alterará la historia. Allí en un ambiente bucólico se deciden los grandes casos de Estado, los nombramientos en la administración y el ejército, asuntos delicados de la diplomacia y, como en una corte, es el centro de intrigas, espionajes y consejas. Los movimientos de la amada del Libertador son seguidos por unos y espiados por otros, por la vía diplomática llegan a Inglaterra confidencias de alcoba sobre sus encantos e intrigas. Las fiestas de Bolívar y Manuelita en Bogotá alegran a la taciturna ciudad y sobre el humor de la notable pareja, la elegancia de las reuniones, los bailes, los asuntos de Estado que se tratan y los chismes que alteraban la política en esos tiempos de pasiones encontradas y crisis los habitantes de la ciudad vivían pendientes. Manuelita siempre está en medio del huracán, arremete contra los enemigos del Libertador, se burla de ellos: cuentan que una noche, en ausencia de su amado, durante una animada fiesta ordena a un pelotón de granaderos disparar en contra de un muñeco que representa al general Santander. También su casa, a media cuadra del palacio de San Carlos en la calle 10 No 6-18, es el punto de reunión de los bolivarianos más fieles y exaltados de las clases populares, que acudían a informarla de la política en las provincias y de los movimientos secretos de la logia santanderista.

Esa etapa de la Convención de Ocaña es crucial en la vida de Bolívar y Manuelita, como de Santander y de Sucre, de todos los colombianos y de seguro allí se sentaron las bases definitivas del hundimiento del gran país que había intentado edificar el Libertador. Santander, como en otras oportunidades lo hemos destacado, no es enemigo de la Gran Colombia por sostener otra idea de integración, ni por enemistad con los venezolanos o los ecuatorianos. En realidad, su cerebro está limitado por las fronteras de la Nueva Granada, donde es personaje y tiene poder, lo mismo que Páez y Flórez, saben que su reino se reduce al terruño que les dejó gobernar por años Bolívar. Su personalidad y su capacidad de movilizar hombres no trascienden las fronteras, son figuras locales. Por eso, los tres terminan por entenderse en su enemistad brutal contra Bolívar y por extensión a Sucre, en cuanto eran las dos personalidades continentales, cuyo prestigio podía sostener aún las columnas vacilantes de la Gran Colombia. En especial le temían a Sucre que le había manifestado a Bolívar que debía dividir en varios departamentos a la Nueva Granada, Venezuela y Ecuador, para organizar una nación en la que ninguna de las partes fuera lo suficientemente fuerte como para aspirar a la división. Eso era posible en la medida en que Bolívar y Sucre eran los ídolos del ejército, donde estaba la verdadera democracia colombiana y donde militaban las gentes del pueblo de los tres departamentos. Además, Páez apuesta por colapsar la Gran Colombia. Bolívar, por su parte, medita con su Estado Mayor, como lo relata el general Tomas Cipriano de Mosquera, la alternativa de sofocar la rebelión del llanero con las fuerzas militares comandadas por Sucre. Y el mariscal en una misiva le dice al Libertador que para sosegar Venezuela será preciso hacer con Páez, lo mismo que con Piar. Eso no fue necesario por cuanto el viaje de Bolívar a Venezuela despierta tal entusiasmo popular, que el héroe llanero se somete temporalmente a la voluntad del ilustre caraqueño. En tanto rechaza la dependencia con el gobierno de Bogotá. Es posible que, de haberse dado esa guerra, seguramente, al estilo de la que libró Sucre contra el Perú, se habría preservado la unión por un par de generaciones y extirpado la hiedra divisionista que se expandía desde Bogotá por todo el territorio nacional, mientras se educaban las nuevas generaciones en la dialéctica de la concordia y bajo la bandera de una gran nación en esta parte de América.

Sobre la Convención de Ocaña se ha escrito mucho y con escasa profundidad, el inicial derrotado allí fue Santander, que aspiró a la Presidencia de la Convención para rivalizar con Bolívar. Para el efecto llegó el primero a la Convención, se opuso al arribo de Bolívar, manipuló el sistema de credenciales se encargó con sus acólitos del reglamento al mejor estilo de los caciques electorales.

Sin embargo, Bolívar estaba muy disgustado con los resultados de la Convención pese a la grave derrota de Santander, en ese sentido le escribe a Páez:

> "nada agradable puedo decir a usted; al contrario, hasta hoy han triunfado Santander y sus partidarios; han manejado diestramente todos los resortes dela intriga. Vea, pues, si con razón deseaba yo que vinieran Peña, Peñalver, Aranda y otros individuos de este carácter y firmeza para que se opusieran a los Sotos, Azueros, etc.".

También pinta Bolívar a Santander en su papel de intrigante gamonal: "Santander y sus partidarios, como él los llama, aumentan cada día su deseo y su desenfreno, y ojalá que nuestros amigos estuviesen animados del mismo celo fanático. Santander llega a los extremos de salir a los caminos reales en busca de partidarios ofreciendo casa y comida a los diputados que entran en Ocaña. Sobre esto se cuentan anécdotas muy graciosas". Es un político recursivo que no vacila en comprar delegados.

La Convención de Ocaña careció de la majestad que el Libertador les confería a esos eventos democráticos con sus trascendentales intervenciones y razonamientos de Estado, muy pronto los bandos se muestran irreconciliables, varias veces estuvieron a punto de irse a las manos. Los diputados amigos de Santander, protestan, por un pequeño bastón de mando que lleva O'Leary a las sesiones, diciendo que era un garrote y que temían por sus vidas. El ambiente de pugnacidad y el personalismo imperan en todas las sesiones, los diputados se muestran como aturdidos bajo el dominio de la mecánica parlamentaria, apegados a los incisos y al reglamento, mientras la República se hunde. Esa Convención es un ejemplo de cómo degeneran las asambleas cuando no están regidas por fecundos proyectos. Llegó a tal punto la ingobernabilidad de los diputados, lo infructuoso de los debates y lo estéril de las rencillas, que fatalmente empantanan las sesiones. Santander, en su inquebrantable voluntad de sabotear el proceso manifestó, cuando un grupo de diputados propuso que llamaran al Libertador a presidirla, que primero aceptaría a Morillo que a Bolívar. (Historia Eclesiástica y Civil de la Nueva Granada, de José Manuel Groot. T. II, página 493). Esa actitud de Santander fue el detonante que llevó al retiro del bando bolivariano y al naufragio final de la Convención y, de contera, de la Gran Colombia.

En sus famosos Estudios históricos José Joaquín Guerra, sostiene que:

> "Otro hecho reprobable acrimina la historia a los santanderistas, y es el haber fomentado la disolución de la Gran Colombia. Al propio tiempo que el partido liberal venezolano lanzaba la idea de que 'los pueblos tenían el derecho de reconstituirse independientemente cuando quisieran', y mientras que el Ecuador cogía el mismo principio, la prensa bogotana atizaba la discordia, ya en El Granadino, ya en El Conductor, en La Bandera Tricolor, y hasta en la Gaceta Oficial, con candentes escritos de personajes bien conocidos como sostenedores de aquellas tendencias.
>
> Poco después, los generales José María Obando y José Hilario López, primero, antiguos guerrilleros realistas, al cambiar de bando, soldados distinguidos de la independencia, se levantan en Popayán el grito de insurrección contra el gobierno de su patria, diciéndose protegidos por las tropas peruanas, con el pretexto de restablecer el imperio de la despedazada Constitución de Cúcuta, y ofreciendo el primero de ellos proclamar en Pasto al Rey de España".
>
> "Córdova, el héroe de Pichincha y de Ayacucho, que había contribuido a debelar aquella revuelta, y que anteriormente con látigo en mano, había fomentado las actas que le conferían a Bolívar la dictadura, vuelve armas contra su ídolo, a quien acababa de servir como ministro de guerra, y estimulado por los representantes de naciones amigas, encabeza una revolución en Antioquia".
>
> "El mal ejemplo nunca deja de tener imitadores. En Venezuela cobra alas el partido antiboliviano, —azuzado por

la diplomacia foránea—, que clama por el ostracismo del Libertador. Decrétalo el Congreso de Valencia, convocado por Páez, a quien ilegítimamente se había ratificado el mando absoluto en nuevas actas municipales. Los insultos al tirano, al dictador, al Nerón Colombiano se multiplicaron en aquella convención". (José Joaquín Guerra, *Estudios Históricos*, Tomo I, págs. 45-46).

El comunicado antiboliviano del Congreso venezolano dirigido al Congreso de Bogotá, aparece firmado por el secretario del mismo Javier Yáñez y en uno de sus apartes dice:

"No obsta que Venezuela se haya pronunciado por la separación, ni que el soberano Congreso haya ratificado este voto solemne escrito en el corazón de cada uno de sus hijos, para que conozca que es necesario que uno y otro cuerpo se entiendan porque hay diferencias que transigir e intereses que arreglar".

"El temor de perder la paz que sobre todo desean los venezolanos, les hace temblar al concebir la idea de que pudiese ser preciso librar en las armas el arreglo de sus negocios, arreglo que no sería ni exacto, ni útil, sino lo forman en calma, la justicia y la prudencia. Tales fueron las consideraciones que guiaron el ánimo del soberano Congreso al acordar el día 22, que esta pronto entrar en relaciones y transacciones con Cundinamarca y Quito y que así lo ofrecían a nombre de los pueblos sus comitentes".

"Benéficas serán sin duda para uno y otro Estado semejantes relaciones. No es fácil prever hasta dónde se extenderían sus útiles resultados. Pero Venezuela, a quien una serie de males de todo género ha enseñado a ser prudente, que ve en el general Simón Bolívar el origen de ellos y que tiembla todavía al considerar el riesgo que ha corrido de ser para siempre su patrimonio, protesta la que no tendrán aquello lugar, mientras éste permanezca en el territorio de Colombia, declarándolo así el soberano Congreso en la sesión del día 28".

Resulta doloroso reproducir los sentimientos y la terrible contrariedad que en el ánimo del Libertador produce el nefando e insultante comunicado del Congreso venezolano, extrañándolo del suelo nativo, repudiando al hombre que todo lo había sacrificado por la libertad de su país. No es de extrañar que esa nota figure en los anales de la infamia de las asambleas representativas, y de la ingratitud. En contradicción con la admiración, lealtad y sentido de sacrificio que siempre le demostró a su héroe el pueblo venezolano.

Los diputados santanderistas al culminar la asamblea se siguieron reuniéndose en sesiones secretas, al respecto decía José Manuel Restrepo:

> "El general Santander asistió a la junta o juntas que tuvieron y fue señalado como jefe de la proyectada reacción. Difícil fue al principio saber aquello que estaba entonces cubierto por el velo del misterio. Hubo sin embargo quienes oyeron y denunciaron al Libertador las escandalosas proposiciones de algunos menos escrupulosos quienes dijeron en Ocaña ser preciso matar a Bolívar para conseguir sus intentos... (Restrepo Historia de Colombia, Tomo IV página 102.)
>
> "Como consecuencia de los dictados de esa logia, refiere el general Tomás Cipriano de Mosquera: Y como la revolución de Venezuela había despertado el espíritu turbulento de los partidarios del general Santander y de los exaltados liberales que simpatizaron con los conspiradores del 25 de septiembre, eran los que promovían la

idea de la separación de la Nueva Granada. Estimaban como un obstáculo la existencia de Sucre, al que consideran el lazo de unión para mantener la integridad de Colombia. Formase un club directivo de esta clase de partidarios para llevar a efecto el pensamiento de crear una República independiente en el centro de Colombia; y se organizó en Bogotá, compuesta por los señores Manuel A. Arrublas, Cipriano Cuenca, Ángel María Flores, doctor Vicente Azuero, Luis Montoya y doctor Juan Vargas; uno de los editores de El Demócrata y la Aurora, periódicos revolucionarios. Estos señores fueron los que indujeron al general Domingo Caicedo para que aconsejara que marchase por tierra al Ecuador, el Gran Mariscal de Ayacucho. ¿Cuál fue el objeto de esta insidiosa excitación al general Caicedo, para que promoviese la pronta marcha de Sucre a Quito, para trabajar en favor de la unión colombiana? He aquí el misterio: "salir de Sucre". Todo el mundo conoce en Colombia la ruidosa causa que se siguió en 1840 a los asesinos del Gran Mariscal y la ejecución que tuvo lugar de Apolinar Murillo, principal actor material de ese crimen. Una señora respetable de Bogotá, muy amiga de doña Ignacia Zuleta, mujer del señor Arrublas, veía las sesiones misteriosas de este club, y movida de esa curiosidad propia de las señoras iba a escuchar por la cerradura de una puerta de la sala en que se reunían los del club directivo, y pudo oír el plan que se habían propuesto, de inducir al general Caicedo y dirigirse a los generales López y Obando, que, no obstante ser enemigos del Libertador, los tenía colocados en Neiva y Popayán, para que Sucre, en su tránsito al Ecuador, desapareciese. El señor Luis Montoya se encargó de dirigir las comunicaciones a Neiva al general López, con su mayordomo José Manuel Elizalde,

> que había llegado ese día de la hacienda de Boitá; y así sucedió":
>
> El Demócrata, en Bogotá, había dicho, que Obando haría con Sucre lo que ellos no habían hecho con Bolívar". Sigue señalando Mosquera, por todos los caminos que tomara Sucre la logia había dispuesto su asesinato. Obando en sus riscos caucanos estaba listo para ordenar la ejecución del crimen y López, tenía atisbando a Carlos Bonilla, "para comprometerlo a qué en el paso de Domingo Arias, del río Magdalena, volcaran la canoa en que fuera Sucre, para ahogarlo. El señor Bonilla se indignó y se negó a ello".

"Graves fueron las meditaciones —agrega Mosquera— que tuve habiendo completado el descubrimiento de los verdaderos autores del asesinato de Sucre. ¿Cuáles fueron los motivos políticos que indujeron a los autores del delito a perpetrarlo? ¿Cuál la debilidad de Obando y López para prestarse a buscar asesinos para inmolar al esclarecido Sucre en una encrucijada de la montaña de Berruecos?". El mismo Mosquera señala, que, en otro tiempo Sucre: "se enajenó la voluntad de Santander, y de amigo ardoroso se convirtió en enemigo implacable, porque Bolívar le manifestó, que Sucre era el llamado a sucederle". Las terribles acusaciones del general Tomás Cipriano de Mosquera han desatado mil protestas y desmentidos, pero siguen allí y por la naturaleza del execrable crimen sobrevivirán por siglos, como un testimonio acusatorio de primera mano.

En medio de la consternación general en Bogotá y el resto de Hispanoamérica se difunde la trágica noticia del asesinato del Mariscal Antonio José de Sucre, que se produjo a bala y a mansalva a las 4 de la mañana en La Venta, en la montaña de Berruecos, camino peligroso por donde transitan los viajeros de Popayán a Pasto y a la inversa. El obispo Mosquera, recuerda apesadumbrado que ignorante del entuerto recibe de Bogotá una misiva para entregar al general Obando, donde le informan a este del viaje de Sucre, mientras sus cómplices lo retienen en tanto buscan caballos de refuerzo para el viaje. Se trata del magnicidio político más escabroso de la historia de Hispanoamérica, para impedir cualesquiera intentos de unir la región, como de frenar la desmembración de la Gran Colombia. Obando, con increíble osadía, sostiene que se presentan dos posibilidades para reconocer a los autores intelectuales del magnicidio. En suma, pretende desarrollar una coartada para que inculpen a Florez:

> "Somos Flórez y yo dos personas a quien después de pocos momentos de meditación, estuvo ya prohibido dudar quien había sido el asesino de Sucre, porque por buena lógica uno de los dos debe haber sido: Si fue él lo debe saber por ésta razón, y si fui yo, , también lo debe saber, porque sabe que no fue él"

Según el historiador Restrepo, los acusadores de Obando superan de lejos a los de Flórez.

Al desaparecer Sucre, al que las tropas adoraban y sabían que como estratega militar era imbatible, no quedaba otra figura con capacidad de convocatoria continental para suceder al Libertador que navegaba por el río Magdalena camino al sepulcro. Los autores materiales confesaron su crimen, y Obando huye del país a uña de caballo por el Patía, para evadir los cargos, siendo perseguido por el General Tomás Cipriano de Mosquera. El dolor de este y de Manuelita, los hizo comprender el trágico destino de los grandes hombres en Hispanoamérica.

A la muerte de Sucre, los bandos antibolivarianos actúan a sus anchas y se apoderan del poder en todas partes, menos en Ecuador y Panamá. Obando y Santander, con sus satélites emprenden una cobarde campaña negra contra Bolívar y Sucre, como contra la Gran Colombia, que dura todo el siglo XIX y parte del XX, sin conseguir borrar la grandeza de sus objetivos.

A todas estas, Manuelita, que está al tanto de las conjuras contra su amado y de la pequeñez de sus contemporáneos, capitanea a los bolivianos más exaltados, que es lo que más irrita al general Santander que se siente rebajado por una mujer a la que no vacila en dedicarle el sobrenombre de P... Ella frustra varias veces los planes de los conjurados por asesinar a Bolívar. No solamente la noche septembrina, también, antes, en Soacha, evitó casi milagrosamente que Pedro Carujo lo asesinara. A decir verdad, por no estimarlo conveniente en ese momento, el general Santander intervino también en favor de Bolívar, temeroso de la reacción popular en su contra.

Puede decirse qué durante la corta etapa de la dictadura de Bolívar, Manuelita es la inspiradora de la nave colombiana que se va a pique. Es el momento en el que ella tuvo el máximo poder, siempre para defender a su amante. Su papel preponderante que tratan de omitir los historiadores oficiales, salta a la vista al comprobar el odio del partido santanderista de entonces y los ataques que hacen a su persona para menoscabar la imagen del Libertador. Cabe resaltar que ese inmenso poder al lado del Libertador, siempre lo empleó en nobles causas y en pro de la unión colombiana. Así no en todas las ocasiones, le hiciera caso Bolívar en sus planes. Que si bien, después de la conjura septembrina, Bolívar adolorido, estuvo por el fusilamiento de Santander, que reclamaba Manuelita y ordenaba el Tribunal militar a cargo del prestigioso general Urdaneta, prefirió perdonarlo a solicitud expresa del Mariscal Sucre, como lo recuerda en su biografía de Santander la historiadora Pilar Moreno de Ángel.

La última noche de Bolívar y Manuelita en Bogotá es desoladora. El 8 de mayo de 1830, la ciudad hierve en chismes comentando las traiciones y miserias que rondaban al caudillo, parecía más fría que nunca y un silencio sepulcral la envolvía, los ruidos y vítores de las multitudes y los soldados delirantes por el Libertador habían sido sofocados por los malos augurios de la poblada hostil, de los estudiantes manipulados por los lanudos enardecidos contra el gran hombre. Parece que Manuelita le recordó que se estaban quedando solos, ella había perdido a su querido hermano José María. Fuera de eso, no sabía para dónde viajarían. Bolívar le dijo que él le debía un viaje a Europa. Por un momento Manuelita sonrió, pero al segundo dijo, "allí está esa tal Fanny". Bolívar sonrió y respondió, esa Fanny a estas alturas debe ser una vieja y la estrechó con inmensa ternura en sus brazos para no ver una lágrima furtiva que rodaba por la mejilla de su amada. Bolívar le susurra que no podría vivir sin ella. Pero que no tenían cómo vivir decentemente. Ella se quedaría para vender algunas cosas de valor que le quedaban, proteger el archivo de Bolívar y presionar el pago de sus sueldos atrasados. Pronto se volverían a ver, pero, secretamente, anhelaba, soñaba, como desesperada, con otra jugada magistral del genio. Lo imaginaba restablecido en su salud y nuevamente asumiendo el poder. Pronto el pueblo de la Gran Colombia al saber su renuncia y la inminente partida del héroe lo haría regresar. Y esa, esa sería la hora de Manuelita. No fue así...

Esa misma noche de la partida se temía en Bogotá otro atentado contra la vida del Padre de la Patria, la ciudad apenas contaba con 400 milicianos y 100 fieles granaderos que debían escoltar a Bolívar. Los soldados querían cargar contra la gallada de detractores que no eran muchos, pero que animados por la chicha hacían ruido. El 7 y 8 de mayo Bolívar estuvo en vela, lo mismo que Manuelita. Su vida dependía de los granaderos venezolanos que se habían quedado en la capital a costa de correr grave peligro por sus vidas. Bolívar, cuenta con la fidelidad de las masas, más al sufrir tanta ingratitud desdeña seguir en el poder. Cuentan que el Padre de la Patria al despedirse de los bogotanos mostró una rara serenidad, como de estatua viviente; el rostro estaba pálido y fatigado, los ojos vidriosos y hundidos. El general Caicedo, hábil y con tentáculos en todos los sectores políticos, leyó un pliego firmado por distinguidas personalidades, donde le rendían homenaje. Bolívar recibe la muestra de respeto. Al final del documento claman por la intervención divina para proteger al héroe. Bolívar se conmueve con las manifestaciones de solidaridad y le da un abrazo a Caicedo.

Muchos no pueden contener los suspiros y el llanto. A unos metros algunos resentidos murmuraban injurias y reproches contra el caudillo. Pero no logran perturbar la emocionada despedida. Manuelita no está allí, anticipadamente se habían fundido en un largo y cálido abrazo en privado. Ella sufre desgarrada en su casa la dolorosa partida. El mundo parecía hundirse bajo los cascos del caballo de Bolívar cuando partió de Santa Fe de Bogotá. Alguno sintió que la grandeza se había espantado de esta tierra para siempre.

Manuelita, es la heroína e ídolo de las tropas que la siguen, respaldan con las armas el eventual retorno del caudillo. La tensión política por la partida de Bolívar en momentos que la Gran Colombia se deshacía en pedazos era inmensa, en particular en Bogotá, donde el círculo militar y los santanderistas y bolivianos tratan de sobrevivir o de predominar. Manuelita se dedica de lleno a conspirar por el triunfo de los parciales de Bolívar o el retorno de él con honores. En el periódico "La Aurora", que responde a los dictados de Santander y que dirige Lorenzo María Lleras, se enciende una dura campaña en su contra. Allí se la califica de: "mujer descocada, que ha seguido siempre los pasos del general Bolívar, se presenta todos los días en traje que no corresponde a su sexo, y del propio modo hace salir a sus criadas insultando el decoro y haciendo alarde de despreciar las leyes y la moral."

> "Esa mujer cuya presencia sola forma el proceso de la conducta de Bolívar ha extendido su violencia y su descaro al extremo de salir el día 9 del presente a vejar al mismo gobierno y a todo el pueblo de Bogotá. En traje de hombre se presentó en la plaza pública (hoy de Bolívar) con dos o tres soldados (en realidad eran sus dos esclavas) que conserva en su casa y que paga el Estado, atropelló los guardias que custodiaban el castillo destinado para los fuegos artificiales de la víspera del Corpus; y rastrilló una pistola que llevaba, declamando contra el gobierno, contra la libertad y contra el pueblo. Atentado de tamaña trascendencia causó una alarma muy viva y aunque las autoridades encargadas del orden tuvieron oportuno aviso de él, y acaso algunas lo presenciaron, no se resolvieron a contenerlo ni aprender a la culpable como debieran haberlo hecho en cumplimiento de sus deberes".

Se duele "La Aurora" qué en vez de aplicarle la pena de muerte de acuerdo a la ordenanza militar, se dejara en libertad a las presuntas culpables. Pero de lo que más se lamentan es del: "sentimiento profundo en el pueblo como el haberse asegurado que S.E. el vicepresidente de la República encargado del Poder Ejecutivo, pasó, personalmente, con mengua de su dignidad y carácter público, a la habitación de aquella forastera a sosegarla y satisfacerla..." Manuelita al enterarse de los insultos que promueve "La Aurora" y los insistentes rumores sobre su detención y expulsión del país, reacciona con el coraje y la audacia que siempre la distinguió, y publica unas hojas volantes dirigidas al pueblo de Bogotá:

> "El respeto debido a la opinión de los hombres me obliga a dar este paso; y cuando debo satisfacer mi silencio sería criminal. Poderosos motivos tengo para creer que la parte sensata del pueblo de Bogotá no me acusa, y bajo este principio contesto, no para calmar pasiones ajenas, ni para desahogar yo las mías, pero sí para someterme a las leyes, únicos jueces competentes de quien no ha cometido más que imprudencias, por haber sido un millón de veces a ellas provocada".
>
> "Ninguna mano elevada me ha ofendido; ésta no es infame. Quien me ofende ni aún tiene la firmeza bastante para dejarse conocer, y menos para perseguirme legalmente, esto me vindica, pues todos saben que he sido insultada, calumniada y atacada".
>
> "Confieso que no soy tolerante; pero añado al mismo tiempo que he sido demasiado sufrida. Pueden calificar de crimen mi exaltación, pueden vituperarme, sacien, pues, su sed, mas no han conseguido desesperarme; mi quietud descansa en la tranquilidad de mi conciencia y no en la malignidad de mis enemigos, en la de los enemigos de S.E.

> el Libertador. Si aun habiéndose alejado este señor de los negocios públicos no ha bastado para saciar la cólera de estos, y me han colocado por blanco, yo les digo que todo pueden hacer, pueden disponer alevosamente de mi existencia, menos hacerme retrogradar ni una línea en el respeto, amistad y gratitud al general Bolívar; y los que suponen ser esto un delito, no hacen sino demostrar la pobreza de su alma, y yo la firmeza de mi genio, protestando que jamás me harán vacilar, ni temer. El odio y la venganza no son las armas con que yo combato; antes sí desafío al público de todos los lugares donde he existido a que digan si he cometido alguna bajeza; por el contrario, he hecho todo el bien que ha estado a mi alcance".

Finalmente, la improvisada periodista replica a los responsables de "La Aurora" que:

> "deben saber que la imprenta libre no es para personalidades, y que el abuso con que se escribe cede más bien en desdoro del país que en injuria de las personas a quienes se ataca. Con estas palabras le contesto. Él me ha vituperado del modo más bajo, yo lo perdono; pero sí le hago una pequeña observación ¿por qué llama hermanos a los del sur y a mi forastera? Seré todo lo que quiera: lo que sé es que mi país es el continente de la América y he nacido bajo la línea del Ecuador".

El escrito de Manuela Sáenz produce una especie de terremoto en Bogotá, por su afecto a Bolívar y por el desafío a sus enemigos en el gobierno. El ministro del Interior doctor Azuero, agente de Santander, procede a ordenar una investigación sobre los posibles vínculos de Manuelita con conspiradores y enemigos del Estado. La situación se agrava por unos pasquines que se fijan en las calles de Bogotá, por un fornido negro de la servidumbre de esta, en los que decía: "Viva Bolívar, fundador de la República". Para el gobierno era subversivo proclamar la fidelidad de su amada al gran hombre... fuera de eso, Manuelita, es gran amiga del coronel venezolano Florencio Jiménez, héroe de Pichincha, Junín y Ayacucho y edecán de suma confianza de Sucre, quien al mando del batallón Callao, harto de las dilaciones y descontento por la malquerencia de los burócratas, los cuales les deben a los valientes soldados varios meses de salarios, los enfrenta y hace morder el polvo de la derrota a las fuerzas gubernamentales compuestas en su mayoría por reclutas bisoños. El triunfo de los aguerridos veteranos del Libertador agrieta la estabilidad de la República, que, como vimos, da origen a la dictadura del general Urdaneta, que cuenta con el firme apoyo de Manuelita.

Es una trama novelesca y el levantamiento del batallón Callao coincide con la expulsión de Manuelita de Bogotá, para ser confinada en Guaduas. Triste y prisionera, mas no abatida, marcha a su ominoso destino, cuando una partida de insurrectos adictos a Bolívar de improviso aparece en el polvoriento camino. Entiende que la providencia la favorece, su corazón casi estalla de alegría, es liberada y presa de la mayor emoción se asuma a los soldados que respaldan el pronunciamiento del general Urdaneta. Su influencia en el breve mandato del general es inmensa, negada por algunos historiadores, hoy reconocida. Cuentan que sufrió intensamente cuando el Libertador, cuya salud estaba tan quebrantada, se negó a volver al poder como se lo suplicaron las nuevas autoridades. Su dolor fue doble, pues como certifica Luis Augusto Cuervo: "Manuela fue sin duda el alma de la revolución que con la dictadura de Urdaneta desconoció el gobierno de Mosquera y de Caicedo".

Se alistaba Manuelita a remontar el río Magdalena y compartir con su afecto de toda una vida los últimos momentos del Libertador, cuando el entrañable amigo y general Perú de Lacroix, le notifica por carta la muerte del grande hombre. El dolor de la noticia por poco la mata, dicen que bebió un veneno de serpiente y prefería morir. Sin embargo, manos caritativas la cuidan y de milagro salva su vida. Para sobrevivir a su héroe y soportar mil desventuras y desengaños, de los mismos politiqueros que antes le mendigaban favores y la colmaban de adulación.

El observador imparcial se sorprende del temple de Manuelita al seguir residiendo en Bogotá al morir el Libertador y derrumbarse el gobierno de Urdaneta. Nadie deja un testimonio valedero sobre su reacción al ver ingresar triunfantes a los generales José María Obando y José Hilario López, veteranos monárquicos del Cauca y enemigos declarados del Libertador, posteriormente, se destacan como agentes fieles de la logia santanderista y claves en el asesinato de Sucre. Fueron tiempos terribles y de penosas angustias. En los últimos meses en la capital era frecuente que saliera de su casa a empeñar sus pertenencias y las joyas que en los días de esplendor le había regalado Bolívar, para sobrevivir. La miseria y el odio que la persiguen no la doblegan, saca fuerzas de la flaqueza y se enfrenta a varias personalidades locales por defender la memoria del Padre de la Patria.

La presencia de Manuelita en Bogotá, mantiene vivo entre las gentes el fantasma de la gloria de Bolívar y perturba a los parciales del astro burocrático lugareño, Santander. Los exaltados santanderistas piden su cabeza, ellos sienten que el simple recuerdo de los tiempos de Bolívar debe ser borrado y Manuelita expulsada del país. Para mayor humillación la expulsión le impide regresar al Ecuador por Buenaventura y la obligan a remontar el río Magdalena, por la misma ruta que tomó su amante enfermo y agobiado de tantos desengaños, la misma de Santander rumbo al extrañamiento. El recuerdo y la nostalgia la torturan como una interminable pesadilla durante el penoso viaje. En Cartagena la encierran en el mismo calabozo donde estuvo preso Santander y le impiden antes de partir a Jamaica, moverse a la vecina Santa Marta a visitar la tumba de Bolívar y depositar una flor en su honor y recuerdo de ese grande y tempestuoso amor. En Jamaica pasa enormes trabajos y necesidades, hasta cuando logra regresar al Ecuador, de donde la expulsan nuevamente y al final de su peregrinar encuentra refugio en Paita, un pueblito de la Costa Pacífica del Perú. Allí funda la primera Cátedra bolivariana para los niños de la vecindad. Ella sobrevive con decoro y humildad gracias a una pequeña industria de velas, cigarros y escobas; continuamente es visitada por ciudadanos ilustres de diversas naciones, que se encuentran con una mujer prematuramente doblegada por la pena moral, a la que se le esfumó la belleza exterior, pero que en ciertos momentos da muestras de ese fuego intimo que la distinguió en los días de esplendor; está medio paralizada y como ausente. Su vida se apagó en Paita en el año de 1859, víctima de la temible y fatal difteria que propagó un oscuro marinero.

Epílogo

Hasta ahora, ocasionalmente, se citan algunos textos del amor apasionado de Bolívar y Manuelita, que se corresponden con los tiempos románticos que vivieron y la pasión que los devora, como por la peculiar elocuencia y sinceridad de ambos, esos mensajes adquieren un valor testimonial excepcional. Sin dejar de olvidar que durante el gobierno de Guzmán Blanco, en Venezuela, se incineraron unas valiosas doscientas cartas de amor de la pareja, que el gobernante consideró que afectaban el buen nombre de ambos por el exceso de pasión y el lenguaje descriptivo en extremo libre. Y con esto la posteridad, la psicología y la literatura pierden un valioso documental de esa pasión que se eterniza en la imaginación de las masas al conocer que el gran hombre que sacrificó todo por la libertad de los pueblos de Hispanoamérica amaba con locura a la joven dama quiteña, que le correspondía con el mismo frenesí propio de esos tiempos en los cuales en los caminos infestados de guerrilleros realistas, en las batallas y aún en los centros de poder desde los cuales Bolívar gobernaba, lo acechaban asesinos a sueldo de los realistas, traidores y ambiciosos republicanos, deseosos de apoderarse del poder. Bolívar no creía en espantos y desafiaba el peligro casi a diario, solía darles la espalda a los asesinos más curtidos, en tanto Manuelita tenía una gran intuición y como vimos varias veces le salva la vida a su amado. Bolívar, no solamente arriesga su existencia en mil combates, quiso fundirse con la amada en esas noches estrelladas arrullados por los susurros, las caricias y la fuerza vital de los sexos atraídos por la irresistible magia química, crispado el espíritu al colmarse la copa de la dicha y pasión que busca inconsciente fundirse en el otro, como por milagro de ese delirio que los domina.

Son dos seres excepcionales que viven un amor prohibido, en tiempos oscuros y de grandes peligros, es algo que se percibe con renovada intensidad al leer hoy esa correspondencia nerviosa y pasional, se siente ese ardor que crece como un incendio en medio de tensiones, desafíos e intrigas políticas que por momentos parecen devorarlos, riesgo que los une más y que sintieron ambos, a sabiendas que se mueven bajo los efectos de la tragedia. La carta en la cual Bolívar se refiere a Cleopatra y Manuelita, comprueba que tenían un sentido histórico del momento que vivían y el ardor amoroso que los atraía con fuerza irresistible. Ambos tenían en común la fe en la libertad de los pueblos y se sentían empujados por el destino a amarse y luchar por su causa. Ambos seres son generosos hasta el delirio y todo lo sacrifican por la victoria, menos su amor. Ambos tienen una franqueza y espontaneidad positiva que los alienta a proseguir la lucha sin tregua. Ambos son zarandeados por las intrigas del momento y la pequeñez de los burócratas y políticos de nuevo cuño que aparecen con la fundación de la República.

Por lo general, los amantes de cierto nivel viven su idilio en la clandestinidad, con reserva y timidez, más cuando se trata de personajes públicos. Ellos saben que a Bolívar lo precede la fama de cortejar y apreciar las mujeres, como de guerrero victorioso y osado, por lo que todas las miradas parecían seguir sus aventuras galantes de ciudad en ciudad, de una hazaña a otra. Así, a veces el gran hombre viaje rodeado de soldados, la fama de Manuelita como la amada del Libertador recorre la región y ver llegar esa señora emancipada a los pueblos y ciudades con su elegancia de amazona indómita, es un espectáculo; unas damas la admiran, otras la envidian y las casaderas la abominan. Su presencia causa una pequeña revolución social. Las jóvenes más bellas querían seducir al caudillo, otras entregarse en sus brazos para premiar sus servicios a la libertad. Hasta que comprenden que no pueden competir con la quiteña. Bolívar, por algo le dice: que ella tiene más pantalones que muchos de sus oficiales. Lo que no es solamente un piropo, sino el reconocimiento a su valor demostrado en diversas e intrépidas acciones. Los chismosos cuentan a los forasteros que Manuelita, con sus dos libertas de origen africano lo han hechizado, en tanto no entienden que es a la inversa, ella con su espíritu libre y alegre, colma con su gracia y franqueza la soledad del gran hombre.

Entre 1822 y 1830, el Libertador Simón Bolívar, se ve envuelto en toda suerte de luchas por la libertad del Nuevo Mundo, que lo llevan a la confrontación con la vieja clase colonial y los nuevos amos del poder y caudillos locales, quienes rara vez entienden sus notables mensajes de unidad y consolidación del nuevo orden republicano. Es una lucha titánica y constante contra la pequeñez del medio y la pobre educación política, como por esclarecer las intrigas de las grandes potencias, que acarician la idea de intervenir en el Nuevo Mundo y manejar a estos pueblos ignaros a su antojo. Sobre la marcha va elaborando su innovador pensamiento político y la creación de las nuevas republicas, a sabiendas que los pueblos que lo admiran y siguen carecen de la madurez y la disciplina social para elegir en elecciones libres a los mejores, en tanto emergen negociantes e intrigantes que van desplazando a los héroes de la independencia.

Algunos observadores extranjeros consideran que los nuevos círculos de poder, abandonan los ideales de Bolívar. Tienen pretensiones de manejar estas naciones como haciendas privadas y enriquecerse, la vigencia del Libertador y la adoración que le tienen los pueblos es un estorbo. Hacen política al menudeo con la obsesión de repartirse el botín oficial al estilo de los tan criticados piratas que azotaron por siglos nuestros mares y las naves españolas. José Manuel Grott, en su formidable Historia Eclesiástica y Civil, sostiene y demuestra cómo al consagrar la libertad de estos pueblos con su espada y diplomacia, el hombre al que todos se la debían en Hispanoamérica, esos advenedizos lo consideraban un estorbo. Puesto que "era imposible que los ambiciosos y los que querían amoldar el país a sus ideas pudieran sufrir aquella superioridad, ante la cual todos ellos aparecían pequeños". Por esa misma razón, con la idea de bajarlo de su pedestal le ofrecían a Bolívar, en Lima, Bogotá, Caracas o en Buenos Aires, la corona. Los mismos políticos que lo hacían, después le lanzaban dardos en los que le acusaban de ambiciones imperiales y despóticas. En todos los casos, les contesta a sus aduladores de manera terminante que el único título que le honra es el de Libertador. A tal punto que así llamaba a Manuelita, en la intimidad, después del atentado septembrino: "la Libertadora del Libertador".

No olvidemos que Bolívar, al salir de Bogotá con la misión de liberar el sur de Cundinamarca por Pasto, encuentra la más recia resistencia por cuenta de las milicias y guerrillas realistas, apenas su experiencia militar y notable habilidad para sortear los ataques en un territorio hostil, consiguen mantener la moral de sus tropas y al mismo tiempo negociar con los jefes de ese famoso baluarte de fieles partidarios de Fernando VII, gracias a que estos tenían informes de que Sucre había derrotado a los realistas de Quito, noticia que desconocía el gran hombre.

En el círculo del vice Santander en Bogotá, tienen la idea según la cual el general San Martín, terminará por liberar el Perú. Por tal razón consideran que la expedición de Bolívar, es innecesaria e impulsada por su temperamento mesiánico por lo que tiene un elevado costo en vidas humanas y oro, que preferirían no tener que pagar. Al parecer, ignoran que San Martin, ha perdido el apoyo de las Provincias Unidas. Tragedia que estuvo a punto de repetirse en ese año de 1822, cuando las maniobras de Santander en el Congreso de Bogotá consiguen despojar al Libertador-presidente del mando de tropas fuera del territorio de Colombia, preciso cuando los aguerridos realistas de Pasto tienen la misión de detenerlo y despacharlo al otro mundo. La campaña se salva en cuanto el general Antonio José de Sucre, el más talentoso de sus oficiales asume como comandante en jefe de las tropas colombianas del sur. El único combate que le sale mal a Sucre, se da en cuando su antiguo profesor lanza la caballería contra un grupo de provocadores realistas y Sucre le apoya, sin saber que se trataba de una celada que provoca la fatal perdida de hombres y pertrechos, que, con su proverbial destreza en momentos de peligro, consigue superar. Al punto que revierte la situación y, finalmente, consagra la libertad de Quito el 24 de mayo de 1822, en la famosa batalla de Pichincha.

Esa victoria determina que Bogotá, bajo el influjo del vice Santander, termine por ceder a las pretensiones de Bolívar de llevar las armas de Colombia hasta donde sea preciso utilizarlas para libertar esta parte del mundo. Como comentamos antes, es en Quito, donde Sucre entabla amistad con Manuelita, lo mismo que la bella joven cumple la cita del destino con el Libertador Simón Bolívar.

Hasta ese momento en plena guerra los amores del Libertador, apenas duran horas o días, puesto que lo demandan en todas partes y no quiere arriesgar a ninguna de las muchachas que le ofrecen su ternura y caricias, en una guerra en donde pueda embarazarlo en combate o salir herida, prisionera, utilizada en canje para perderlo y hasta muerta. Por regla general, los guerreros suelen caer cuando sus enemigos siguen a la dama que aman y los acompaña en la gesta guerrera y amorosa. Lo extraño en el caso de Manuelita es que ella forma parte del ejército, la gentil quiteña, que imponía la moda y se distinguía por su elegancia y belleza, ingresa a la milicia, en un tiempo en el cual eso era excepcional y hasta mal visto. Además, abandona todo por su hombre y le ofrece un amor total y hasta el sacrificio, compensado por los goces de la ternura y la pasión. Manuelita le escribe a su ídolo: "Por su amor seré su esclava si el término amerita, su querida, su amante; lo amo, lo adoro, pues es Usted el ser que me hizo despertar mis virtudes como mujer. Se lo debo todo, amén de que soy patriota. Y Bolívar le contesta con entera franqueza y desnudó el corazón:

Cuartel General en Guaranda, a 3 de Julio de 1822

A la distinguida dama

Señora MANUELA SÁENZ

Apreciada Manuelita:

Quiero contestarte bellísima Manuela a tus requerimientos de amor que te son muy justos. Pero he de ser sincero para quien como tú todo me lo ha dado. Antes no hubo ilusión, no porque no te amara Manuela y, es tiempo de que sepas que antes amé a otra con singular pasión de juventud que por respeto nunca nombro.

No esquivo, tus llamados, que me son carosa mis deseos y mi pasión. Solo reflexiono y le doy un tiempo a mi alma para concordarme a ti, pues tus palabras me obligan a regresar a ti porque sé que esta es mi época de amarte y de amarnos mutuamente.

Sólo quiero tiempo a acostumbrarme, pues la vida militar no es fácil ni fácil retirarse. Me he burlado de la muerte muchas veces y, esta me acecha delirante a cada paso.

Qué debo brindarte: ¿un encuentro vivo acaso? Permíteme estar seguro de mí, de ti y verás querida amiga quien es Bolívar al que tú admiras. No podría mentirte. ¡Nunca miento! Lo sabes. Dame tiempo.

Bolívar

En esas dos misivas de los enamorados se descubre lo hondo del reto existencial que los anima, a partir de ese momento ni Bolívar podrá dejar de amar a Manuela, ni ella a su héroe. La historia del gran hombre se cofunde con la de su amada, quien entra a la historia, así algunos historiadores no la mencionen o pretendan menospreciar el decisivo papel que cumplió por la libertad de Hispanoamérica, al ejercer con felina audacia un influjo benéfico sobre el gran hombre, el cual es sometido a duras pruebas físicas y espirituales, encuentra en su compañera la batería que recarga su ánimo en todas las ocasiones para seguir la lucha.

"El Garzal" a 27 de Julio de 1822

A Su Excelencia General SIMÓN BOLÍVAR

Muy Señor mío;

Aquí hay de vivaz todo invita a cantar, a retozar, en fin, a vivir aquí. Este ambiente con su aire cálido y delicioso trae la emoción vibrante del olor del guarapo que llega fresco de trapiche y me hace experimentar mil sensaciones almibaradas. Yo me digo: Este suelo merece recibir las pisadas de S.E. El bosque y la alameda de entrada al Garzal, mojados por el rocío nocturno, acompañarían su Llegada de usted, evocando la nostalgia de su amada Caracas. Los prados, la huerta y el jardín que está por todas partes, servirle de inspiración fulgurante a su amor de usted por estar, S.E. dedicado casi exclusivamente a la Guerra.

Las laderas y campos brotando flores y gramíneas silvestres que son un regalo a la vista y encantamiento del alma. La casa grande invita al reposo, la meditación y la lectura por lo estático de su estancia. El comedor por donde se inunda de luz a través de los ventanales, acoge a todos con alegría; y los dormitorios reverentes al descanso como que ruegan por saturarse de amor: ... los bajíos a las riberas del Garzal hacen un coloquio para desnudar los cuerpos y mojarlos sumergidos en un baño venusiano; acompañado del susurro de los guaduales próximos y del canto pernicioso de pericos y loros espantados por su propio nerviosismo, lo deseo yo qué, ansia de la presencia de usted aquí; toda está pintura es de mi invención, así que ruego a usted que perdone mis desvaríos por mi ansiedad de usted y de ver lo presente disfrutando de todo esto que es tan hermoso.

Suya de corazón y de alma, Manuela

~

El Garzal, 28 de Julio de 1822

General SIMÓN BOLÍVAR

Muy señor mío: ¡Aquí estoy yo! esperándole, no me niegue de su presencia de usted. Sabe que me dejó en delirio y no va a irse sin ver y hablar…con su amiga que lo es loca y desesperadamente,

Manuela

...Aquí hay todo lo que usted soñó y me dijo sobre el encuentro de Romeo y Julieta... y exuberancias de mí misma.

~

Quito, a diciembre 30 de 1822

A.S.E.

El Libertador SIMÓN BOLÍVAR.

Señor mío:

Yo agradezco a Usted por el interés que toma sobre mi persona, porque usted bien sabe de mi presencia en cuerpo y alma a su lado.

Sobre lo que me dice Usted de su carta del 25 del presente, me hace sentir la soledad que acompaña lo que es ahora la distancia. Considéreme Usted su amor loco y desesperado por unirme hasta la gloria de su ser; supongo que se halla Usted en igual condición como lo está la más fiel de sus amigas que es:

Manuela

~

Cuartel General Pasto,

A 30 de enero de 1823

Mí adorada Manuelita:

Recibí tu apreciable que regocijó mi alma al mismo tiempo que me hizo saltar de la cama, de lo contrario esta hubiera sido víctima de la provocada ansiedad en mí.

Manuela. Manuela bella, Manuela mía, hoy mismo dejo todo y voy cual centella que traspasa el universo al encontrarme con la más dulce y tierna mujercita que colma mis pasiones con el ansia infinita de gozarte aquí y ahora sin que importen las distancias: Como lo sientes. Ah ¿Verdad que también estoy loco por ti?...

Tú me nombras y me tienes al instante. Pues sepa usted mi amiga, que yo estoy en ese momento cantando la música y tarareando el sonido que tú escuchas. Pienso en tus ojos, tu cabello, el aroma de tu cuerpo y la tersura de tu piel y, empaco inmediatamente, como Marco Antonio fue hacia Cleopatra. Ver en tu etérea figura ante mis ojos el murmullo que quiere escaparse de tu boca desesperadamente para salir a mi encuentro.

Espérame, y hazlo; ataviada con ese velo azul y transparente, de igual que la ninfa que cautiva al argonauta. Tuyo,

Bolívar

~

Catahuango, a Febrero 12 de 1823

A Su Excelencia

General SIMÓN BOLÍVAR

Simón:

A más de encontrarme condenada por mis parientes en Quito, la suerte al revés es mi matrimonio (siempre supe desde el principio que sería así), usted me incomoda con el comportamiento de usted, de sus sentimientos que son desprendidos de toda realidad.

Dice usted que me piensa, me ama, me idolatra. ¿Cree usted que este destino cruel puede ser justo? ¡No!¡Mil veces no!¿Quiere usted la separación por su propia determinación o por los auspicios de lo que usted llama honor? La eternidad que nos separa solo es la ceguera de su determinación de usted que no lo ve más. ¡Arránquese usted si quiere su corazón de usted ,pero el mío No!. Lo tengo vivo para usted que sí lo es para mí, toda mi adoración; por encima de todos los prejuicios: Suya,

Manuela

~

Cuartel General de Lima, a 13 de Sep. de 1823

A la señora MANUELA SÁENZ

Mi buena y bella Manuelita:

Profunda preocupación tiene mi corazón, a más de mi admiración por tu valentía al enfrentarte sola a la anatema de la luz pública, en detrimento de tu honor y de tu posición.

Sé que lo haces por la causa de la libertad a más que por mí mismo; al disolver con la intrepidez que te caracteriza, ese motín que atosigaba el orden legal establecido por la república y encomendado al General Salom en Quito.

Tú has escandalizado a media humanidad, pero, sólo, por tu temperamento admirable.

Tu alma es entonces la que derrota los prejuicios y las costumbres de lo absurdo; pero Manuela mía he de rogarte: Prudencia, a fin de que no se lastime tu destino excelso en la causa de la libertad de los pueblos y de la república que prefiero que vengas a Lima a fin de hacerte cargo de la secretaría y de mi archivo personal, así como los demás documentos de la campaña del Sur.

Con todo mi amor,

Bolívar

~

Quito, Septiembre 23 de 1823

S.E. SIMÓN BOLÍVAR

Señor:

Bien sabe usted como ninguna otra mujer que usted haya conocido, podrá deleitarlo con el fervor y mi pasión que me unen a su persona, y estimula mis sentidos. Conozca usted a una verdadera mujer leal y sin reservas

Suya,

Manuela

~

Lima, a Octubre18 de 1823

Muy señor mío:

Tiene usted mi amor verdadero. Con el prendimiento de mi corazón por usted no me calmo hasta que usted me dé su explicación de su ausencia de usted, sin que yo sepa que se ha hecho usted. ¿Es que no ve el peligro? O yo no intereso más que ayer.

Decida usted, porque yo me regreso aún sin la gloria de usted que, no vacila, en hacerme sufrir. Suya,

Manuela

~

Lima, a 27 de Febrero de 1824

Al señor Libertador

General SIMÓN BOLÍVAR

Muy señor mío: Por correo he sabido de su desgracia de usted. ¿No ve usted señor por usted mismo? Corro a su lado hasta Pativilca. Escribo muy de prisa por el ansia que tengo. Mañana salgo con algunos patriotas y tropa de Lima, pues son noticias frescas el que los peninsulares junto con los traidores de Torre Tagle, dan ultimátum a esta ciudad; y halló justificación en hacerlo porque de usted su salud no cuenta. Yo bien sé que por mi compañía usted se sentirá mejor, dando al traste con todas sus desgracias, que yo pueda ser remedio de sus males.

¿Me espera usted? Su amiga desesperada por verlo que es,

Manuela

~

Huamachuco, a 26 de Mayo de 1824

General SIMÓN BOLÍVAR

Señor, mío:

He de decirle a usted que mi paciencia en no ver su ánimo disponible hacia su amiga que lo es sincera, tiene un límite. Usted que tanto hablaba de corresponder gentilmente a los amigos, duda en escribirme una línea; esto me provoca una agonía fatal, pues no encuentro que satisfaga mis interrogantes acerca de usted o de su comportamiento austero, aunque diplomático.

¿He de preguntarle a usted mismo? No, porque ni siquiera piensa en mí, ni su respuesta es espontánea. Téngame un poco de amor, aunque solo sea por lo de patriota.

Manuela

~

Huamachuco, a 30 de Mayo de 1824

General SIMÓN BOLÍVAR

Muy señor mío:

Me pregunto a mí misma si vale la pena tanto esfuerzo en recuperarlo a usted de las garras de esa pervertida que lo tiene enloquecido últimamente. Dirá usted que son ideas absurdas. He de contarle que sé los pormenores de muy buena fuente y usted sabe que sólo me fío de la verdad.

¿Le incomoda mi actitud? Pues bien: tengo resuelto desaparecer de este mundo; sin el "permiso de su Señoría" ya que no me llegará a tiempo debido a sus múltiples ocupaciones...

Manuela

~

Cuartel General en Huaraz, a 9 de Junio de 1824

MANUELITA

Mi adorada:

Tú me hablabas del orgullo que sientes de tu participación en esta campaña. Pues bien, mi amiga:¡Reciba usted mi felicitación y al mismo tiempo mi encargo! ¿Quiere usted probar las desgracias de esta lucha? ¡Vamos! El padecimiento, la angustia, la impotencia numérica y la ausencia de pertrechos que hacen del hombre más valeroso un títere de la guerra.

Un suceso que alienta es el hallarse en cualquier recodo una columna rezagada de godos y quitarles los fusiles ¡tú quieres probarlo! Hay que estar dispuesto al mal tiempo, a caminos tortuosos a caballos sin darse tregua. Tu refinamiento me dice que mereces alojamiento digno y en el campo no hay ninguno. No disuado tu decisión y tu audacia, en las marchas no hay lugar a regresarse. Por lo pronto no tengo más que una idea que tildarás de escabrosa: Pasar al ejército por la vía de Huaraz, Olleros, Choveín y Aguamina al sur.

¿Crees que estoy loco? Esos nevados sirven para templar el ánimo de los patriotas que engrosan nuestras filas. ¿A que no te apuntas? Nos espera una llanura que la providencia nos dispone para el triunfo ¡Junín! ¿Qué tal?

A la amante idolatrada,

Tuyo, Bolívar

~

Huamachuco, a16 de Junio 1824

A.S.E.

El Libertador SIMÓN BOLÍVAR

Mi querido Simón

Mi amado,

Las condiciones adversas que se presenten en el camino de la campaña que usted piensa realizar, no intimidan mi condición de mujer. Por el contrario, yo las reto.

¡Qué piensa usted de mí! ¿Usted siempre me ha dicho que tengo más pantalones que cualquiera de sus oficiales, o no? De corazón le digo: No tendrá usted más fiel compañera que yo y no saldrá de mis labios queja alguna que lo haga arrepentirse de la decisión de aceptarme: ¿Me lleva usted? Pues allá voy. Que no es condición temeraria esta sino de valor y de amor por la independencia. (No se sienta Usted celoso). Suya siempre,

Manuela

~

Huaraz; a Junio 17 de 1824

A.S.E. El Libertador SIMÓN BOLÍVAR

Muy señor mío:

Quisiera usted referirme qué clase de hombre es este Santander; que siendo su enemigo usted lo tolera. Sin que hagan a usted por esquivar esas infamias por las que en su correspondencia me doy cuenta, cómo injusta y deliberadamente no acoge sus peticiones de usted.

Tenga cuidado.

Suya, Manuela

~

Cuartel General en Junín a 6 de Agosto de 1824

Al Señor Teniente de Húzares de S.E.

El Libertador y Presidente de Colombia

Señora MANUELA SÁENZ

Mi muy querida Manuela:

En consideración a la Resolución de la Junta de Generales de División y habiendo obtenido de ellos su consentimiento y alegado su ambición personal de usted, de participar en la contienda, visto su coraje y valentía de usted de su valiosa humanidad en ayudar a planificar desde su columna las acciones que culminaron en el glorioso éxito de este memorable día me apresuro siendo las 16:00 horas en punto, en otorgarle el Grado de Capitán de Húzares; encomendándole a usted la actividades económicas y estratégicas de su regimiento, siendo su máxima autoridad en cuanto tenga que ver con la atención a los hospitales, y siendo esto, el último escaño de contacto de mis oficiales con la tropa.

Cumplo así con la justicia de dar a usted su merecimiento de la gloria de usted, congratulándome de tenerle a mi lado como mi más querido oficial del ejército colombiano. Su afectísimo, S.E.

El Libertador, Bolívar

~

Cuartel General en Andahuaylas, a 26 de Septiembre 1824

Confidencial

Manuela mía:

El 3 del próximo deseo que te reportes con "Héctor", a fin de coordinar los asuntos que nos preocupan. El coronel Salguero lleva los partes de la estrategia para que Héctor vea la conveniencia de hacerlo en Huamanga frente al Cóndor cunga. El motivo: Que todos los batallones sepan que el Libertador y Presidente está allí, con ellos en su tienda de campaña aunque, con "tabardillo". El General Salom llegará en mi mula parda a fin de que se crea que soy yo.

Tú serás muy útil al lado de Héctor, pero es una recomendación para ti, y una orden de tu General en Jefe, de que te quedes pasiva ante el encuentro con el enemigo. Tu misión será la de "atenderme", entrando y saliendo de la tienda del Estado Mayor y, llevando viandas de agua para "refrescarme", al tiempo de que en cada salida llevas una orden mía (de los partes que estoy enviándote) a cada General. No desoigas mis consideraciones y mi preocupación por tu humanidad ¡Te quiero viva! Muerta yo muero.

Tuyo,

Bolívar

~

Cuartel General de Chalhuancada,

Octubre 4 de 1824

A la Señora Capitana de Húzares de la Guardia

MANUELA SÁENZ. Personal

Mi muy querida Manuelita:

Te pido con el consejo de mis pensamientos que batallan, con el ardor de mi corazón que te quedes aquí. Lo hago no por separarme de ti, pues tú eres el ser que más quiero y porque, siempre estoy pensando en ti; la presencia servirá para qué tú te encargues de hacerme llegar informes minuciosos de todo por menor que, ninguno de mis Generales me haría saber más por sus preocupaciones personales que por intrigas o desavenencias. Al mantenerme al tanto de todo lo que acontece allí, puedo mirar dos frentes, seguro de encontrar el respaldo que tú lograrás en ese cuartel.

Soy tuyo de Corazón, Bolívar

~

Cuartel General de Huancayo,

A 24 de Octubre de 1824

Mí adorada Manuelita:

Mi bella y buena Manuela, hoy he recibido la Ley del Congreso de Colombia del 28 de Julio, quitándome todas las facultades extraordinarias de las cuales me hallaba investido por el ejecutivo; traspasándolas todas sin excepción a Santander.

Mi corazón ve con tristeza el horrible futuro de una Patria que sucumbe ante la mezquindad de los intereses personales y de partidos. A todos cabe sin embargo una disculpa. Tú en cambio te conservas siempre fiel a mí, sin embargo, por el amor que me profesas no hagas nada que nos hundiría a los dos, desconoce el hecho como un desliz de mis detractores sin más que guardar la compostura que obliga en estos casos, mientras yo recurro a mi intuición a fin de organizar mi relevo de estas responsabilidades en Sucre.

Tuyo, Bolívar

~

Chancayo, a 9 de noviembre de 1824

Mi adorada Manuelita:

Estoy muy agradecido por tu oportuna correspondencia que al detalle me informa de los odios de esas gentes perniciosas, los mayores campesinos que sin más motivo que el de su rebeldía hostigan a las tropas. También los del comportamiento de los Generales Uno y Heres.

Sucre ya tiene las órdenes pertinentes a la marcha; tú por vías de paciencia queda a la espera de mi retorno que será muy pronto, pues ansío tus amables caricias y contemplarte con mi pasión que lo es loca por ti.

Tu único hombre,

Bolívar

~

Lima, 14 de Abril de 1825

A.S.E.

General SIMÓN BOLÍVAR

Muy señor mío:

Sé que ha partido con usted mi única esperanza de felicidad. ¿Porque entonces le he permitido escurrirse de mis brazos como agua que se esfuma entre los dedos?

En mis pensamientos estoy más que convencida de que usted es el amante ideal y, su recuerdo me atormenta durante todo el tiempo. Encuentro que satisfaciendo mis caprichos se inundan mis sentidos, pero no logro saciarme en cuanto a que es a usted a quien necesito; no hay nada que se compare con el ímpetu de tu amor.

Comprar perfumes, vestidos costosos, joyas no halagan mi vanidad. Tan solo sus palabras logran hacerlo. Si usted me escribiera con letras diminutas y cartas grandotas y o estaría más que feliz.

Mis labores no terminan nunca pues, empieza una y no termina y ya tengo otra empezada.

Confieso que estoy como embotada y no logro hacer nada, dígame que debo hacer pues no atino ni una; y todo por el vacío de usted aquí.

¡Si usted me dijera venga! Yo iría volando así fuera al fin del mundo.

Su pobre y desesperada amiga,

Manuela

~

Cuartel General Ica, a 21 de Abril de 1825

Mí adorada Manuelita:

Voy acompañado: Quiero decir, con la compañía de tus gratísimos recuerdos. Pienso dentro de mis relaciones que mucho ha de ser el trabajo que debo realizar y sé que me esperan la Grandeza y la Gloria.

Sin embargo, todo se empaña en la remembranza de tu imagen vestal y hermosa, casi que causante de esta lucha interna de mi corazón que se halla entre mis deberes la disciplina, mi trabajo intelectual y el amor. No sabes Manuela mía cómo te ansia este corazón viejo y cansado, en el deseo ferviente de que tu presencia lo rejuvenezca y lo haga palpitar al nuevo ritmo de como sano.

Sobre la base de mi temor sé que no está bien en insistir en tu viaje acá, pues faltarías a las obligaciones para con tu marido. Sin embargo, ni yo mismo puedo engañarme. Tu suerte que te ha tocado, me entristece mucho por lo de tus sacrificios que quieres sólo para conmigo. Yo te lo agradezco. Mis sentimientos se agigantan junto con mis deseos al pensar en ti y en todo lo arrobador de tu espíritu sin igual, además de tu encantamiento femenino.

Muy pronto sabré que determinación habremos de tomar ante esta situación que, nos destroza el alma. Por lo pronto debemos tener paciencia de franciscano.

Tuyo en el alma, Bolívar

~

Cuartel General en Ica, a 26 de Abril de 1825

Mí adorada Manuelita:

Mi amor: Marcho hoy con destino al Alto Perú, a Chuquisaca, lleno de proyectos que son mi ilusión de crear una nueva república. Y por lo tanto la demanda ha de ser mucho trabajo que realizar con la dirección de la Providencia y donde alcanzaré lo más grande de Gloria, que me tiene pensando en ti a cada momento en que tu imagen me acompaña a todo lado, haciendo de ideas vivas el palaciego almíbar de mi vida y mis labores; sin embargo, soy preso, de una batalla interior entre el deber y el amor, entre tú honor y la deshonra, por ser culpable de amor. ¡Separarnos es lo que indica la cordura y la templanza, en justicia odio obedecer estas virtudes!

Soy tuyo de alma y corazón, Bolívar

~

Lima, a mayo 1 de 1825, A.S.E.

General SIMÓN BOLÍVAR

Muy señor mío:

Recibí su apreciable que disgusta mi ánimo por lo poco que me escribe, además que su interés por cortar esta relación de amistad que nos une al menos en el interés de saberlo triunfante de todo lo que se propone. Sin embargo, yo le digo: No hay que huir de la felicidad cuando esta se encuentra tan cerca y tan sólo debemos arrepentirnos de las cosas que no hemos hecho en la vida.

Su Excelencia, sabe bien como lo amo. ¡Sí con locura! Usted me habla de la moral, de la Sociedad.

Pues bien: Sabe Usted bien que todo eso es hipócrita sin otra ambición que dar cabida a la satisfacción de miserables seres egoístas que hay en el mundo.

¿Dígame usted: quien puede juzgarnos por amor?

Todos confabulan y se unen para impedir que dos seres se amen, pero, atados a convencionalismos y llenos de hipocresía, ¿Porqué S.E. y mi humilde persona no podemos amarnos? Si hemos encontrado la felicidad hay que atesorarla. ¿Según los auspicios de lo que Usted llama moral, debo entonces seguir sacrificándome porque cometí el error de creer que amaré siempre a la persona con quien me casé?

Usted mi señor lo pregona a cuatro vientos.

"El mundo cambia, la Europa se transforma, América también"... ¡Nosotros estamos en América! Todas estas circunstancias cambian también. Yo leo fascinada sus memorias por la Gloriade Usted; ¿acaso no compartimos la misma? No tolero las habladurías, las mismas que nos importunan mi sueño, sin embargo, soy una mujer decente ante el honor de saberme patriota y amante de Usted.

Su querida a fuerza de distancia.

Manuela

~

Lima, a mayo 3 de 1825

A.S.E.

General SIMÓN BOLÍVAR

Mi amor idolatrado:

En la anterior comenté a Usted de mi decisión de seguir amándole, aún a costa de cualquier impedimento o convencionalismos que en mí no dan preocupación alguna por seguirlos. ¡Sé que es lo que debo hacer y punto! No hay que burlarse del destino (Este según Usted es cruel despiadado). No, yo creo que por el contrario nos ha hecho encontrar, nos dio la oportunidad de vernos e intercambiar opiniones de aquello que nos interesaba de la causa patriota y desde luego... Si no sabemos aprovechar esto, luego se vengará de nosotros y entonces no tendrá misericordia ni piedad.

Usted que me tenía un poquito de amor ha permitido que la ilusión de Usted se pierda y yo, veo todo con desesperanza. En todo lo que Usted me escribe, deseo conocer algo de su pensamiento como queriendo convencerme a mi manera y a mí misma, que Usted tampoco está dispuesto a cortar nuestra relación.

Véalo por Usted mismo: Nada hay en el mundo que nos separe que no sea nuestra propia voluntad. La mía es seguir a costa de mi reposo y mi felicidad. ¿Qué dice Usted?

Suya,

Manuela

~

Lima, a 5 de mayo de 1825

A.S.E.

General SIMÓN BOLÍVAR

Muy Señor mío:

¿Por qué se ha ido usted sin mí? No ve que me ha hecho sufrir mucho. Dígame donde está. Estoy muy triste, pero no puedo juzgarlo. Sé que al alejarse a querido evitarme un gran dolor.

Usted tiene un corazón de oro, eso lo sé. Sin embargo, no quiero que se desobligue de mí. Yo que estoy enferma de ansiedad y loca por la ausencia de usted; únicamente puedo soportarlo todo a su lado, me sobra mucho, ¡demasiado amor para dárselo! Lo único que me importa es su amor, sentirme segura en sus brazos. Ahora dirá usted que soy libidinosa por todo lo que voy a decir: Que me bese toda como me dejo enseñada; ¿no lo ve? ¿Cómo me las arreglaré sin la presencia de Usted? ¿Pregunto, porqué me ha dejado enamorada?¡Con el alma en pedazos! Usted dice que el amor nos libera. Sí, pero juntos. Eso fue comprobado por lo de Junín; de lo contrario me siento encarcelada en mi desasosiego.

No le pido que piense en mí, dígame que me ha amado a mí más que a ninguna otra. Perdóneme el fastidio de mi delirio, pero es que, lo adoro; soy una mujer enamorada; tenga usted un poquito de compasión y consideración por mí.

Sé que lo que le voy a decir no le gustará, pero si va: Me muero de celos al pensar que podría estar usted con otra; pero yo sé que ninguna mujer sobre la faz de la tierra podría hacerlo tan feliz como yo. ¿Orgullo? ¡Piense usted que sí, pero es la verdad más dichosa! Por su amor seré su esclava si el término amerita, su querida, su amante; lo amo, lo adoro, pues es Usted el ser que me hizo despertar mis virtudes como mujer. Se lo debo todo, amén de que soy patriota.

Suya,

Manuela

~

Lima, a 9 de Mayo de 1825

A su Excelencia

General SIMÓN BOLÍVAR

Muy Señor mío,

Mucho me alegra conocer su sana ambición de crear esa nueva república que tanta falta le hace como equilibrio a la organización política del Sur, dando lugar a establecer un orden y principio, regulando al Perú y la Argentina el espacio de sus territorios.

Espero con profunda ansiedad ver colmadas sus aspiraciones que, si son muy justas qué, en cambio en las de su interior no lo son. ¿Por qué privarse del goce infinito del amor? ¿Qué tan alta es la honra para que sobrepase a la del Gran Bolívar y cuál es la cordura y la templanza que obligan al libertador a enjuiciarse a sí mismo? Sí, una de las virtudes primordiales son la obediencia al amor que la misma Providencia auspicia en todo ser humano.

Dispénseme Usted mi terquedad, pero en esto tengo razón; de lo contrario mi desvergüenza arderá en mi contra como la culpable de su desasosiego. Quien lo ama hoy como nunca.

Suya,

Manuela

~

Lima, a 18 de mayo de 1825

General SIMÓN BOLÍVAR

Muy Señor mío,

Yo sólo sé que Usted se hace más difícil en cuanto se entretiene en homenajes muy justamente rendidos en honor a la Gloria de Usted, cosa que en cierto modo me resarce de su ausencia y me alimenta en lo que a mí refleja su sombra de Gloria. Sí, porque sólo la sombra de usted mi Glorioso Libertador, es la que me cubre en el absurdo de mi convivencia de este hogar que, aborrezco con todo mi corazón. Mi mortificación va en el sentido de la ausencia de Usted, aunque no me entristece todavía, pues guardo su imagen constante como aliciente de este desatinado matrimonio que lejos de enriquecerme me envilece, por el desagrado con el que atiendo las cosas de la casa como matrona.

Contésteme Usted, aunque sea solo una línea, Sí?

Dele vida a esta pobre mujer que amargada por las circunstancias desea sólo estar a su lado y no apartada de usted.

Suya,

Manuela

~

Lima, a 28 de mayo de 1825

Su Excelencia

Señor General SIMÓN BOLÍVAR

Muy Señor mío:

El Teniente Salguero vino en dejarme su apreciable del 17 en que me hace gracia de sus escapadas a las funciones de Gala en los recibimientos y homenajes en honor a la Gloria de Usted.

Bien sabe que comparto esas estrategias por su seguridad de Usted, pues a mi modo de ver es muy válido el que su Estado Mayor se preocupe por su vida, siendo que los malvados la buscan como si fuera Usted el único responsable de todo lo que pasa aquí.

Me dio mucha alegría leer su entusiasmo en lo referente al Decreto y Leyes por la creación de la República Bolívar o "Bolivia", como S.E. se empeña en llamarla. Bien sabe que en Usted veo que si hay razón y juicio para tales fines y no en los de creación de Santander. Estimo muy conveniente qué, Usted resuelva en correspondencia a este señor, su posición y educación de Usted, así como todo lo que S.E. conoce y sabe tanto en instrucción de libros sabios que Usted ha estudiado como instrucción de milicia desde niño para que le calme las dudas e intrigas a satisfacción de la propia ignorancia de él.

La inteligencia de S.E. sobrepasa a los pensamientos de este siglo y bien sé que las nuevas generaciones de esa provincia y de América seguirán el resultado de las buenas ideas de Usted, en procura de una libertad estable y hacienda saludables.

Le envío unos cariñitos y dulces que le encantan a S.E. Use el pañuelo que le borde para Usted, con mi amor y devoción, así como la camisa que es inglesa: Esta la compré a un vendedor que trajo mercadería de una goleta que naufragó cerca del Callao y por su mercancía sin aduana no piense usted otra cosa. Lo amo desde lo más profundo de mi alma. Cuidado con las ofrecidas. ¡Que de mí se olvida para siempre!

Suya, Manuela

~

Cuartel General Arequipa, junio 8 de 1825

Mi adorada Manuelita:

Mi amor: tu hermosa carta del 1° de Mayo y la perentoria del 3, me han hecho reflexionar en todas las circunstancias que nos afectan mutuamente.

Añoro en estas tierras no estés tú a mi lado sin disfrutar de encuentros Gloriosos con quienes premiaron al genio de mi Proyecto de Constitución Política del 16 de mayo, sobre la creación de la nación Bolívar.

Aquí todo es alegría, pues con recibirme con arcos triunfales y conducirme bajo palio, engalanan mi vanidad que no es otra que la satisfacción de ver cumplidos mis anhelos de crear una quinta República; quedando ésta constituida por las cuatro provincias de Chuquisaca, Charcas, La Paz, Potosí y Cochabamba.

Esto en mi vivo interés para que no conste en parte de la nación argentina, por lo del pronunciamiento del año 10, ni del Perú que no es otra; la cual perteneció. Sé mi amor que en esto no hay otra cosa que los ensueños de tu maravillosa imaginación.

No te mortifiques más. Tu corazón venturoso debe empeñarse con inquietudes que sólo son los hechizos fatuos de la incomprensión de tu marido. Relegaría con gusto todo lo que aquí acontece con el torbellino que mi pasión ansía invadir tu intimidad y la mía. Mi agradecimiento es a todas tus atenciones y desvelos que llegan en procesión de sucesivos cariños, delicias, cuidados que hacen sentir pobre ante mi descomedida actitud, que es sólo por la fuerza de mis obligaciones aquí. Sí, perdóname. A partir de hoy dedicaré un poco de tiempo a esta agradable tarea de escribirte.

Tu amante, Bolívar

~

Cuartel General de Tunja, junio 16 de 1825

A la dulce, muy dulce y adorada Manuelita.

Mi amor: Sé que tú tienes mucha disposición hacia mí y que has aprendido todas las artes de la estrategia en el amor. Esto ha creado una deliciosa intimidad de pensamiento y afectos mutuos que son ahora para mí un grato motivo de felicidad.

¿Sigues siendo la joya sagrada y sensual llena de encantos y atributos de belleza? Pues bien, querida amiga. Yo sigo pensando y gozando de mi imaginación, aunque sé que no ignoras la magnitud de tu sacrificio si resuelves venir acá. Sí, yo invito: ¡Viva el amor en el raso y la seda, las camas mullidas con blandos colchones, los terciopelos rojos; las alfombras; la gloria de ver a una mujer más linda que Cleopatra, ¡ejerciendo todo el poder de sus encantos sobre mis sentidos! El ludibrio de rasgar tus vestidos sin importar su costo, deshaciendo al mismo tiempo tu laborioso peinado de tocador.

Me atraen profundamente tus ojos negros y vivaces que tienen el encantamiento espiritual de las ninfas; me embriago sí, contemplando tu hermoso cuerpo desnudo y perfumado con las más exóticas esencias. En hacerte el amor sobre las rudimentarias pieles y alfombras de campaña.

Todo esto es una obsesión, la más intensa de mis emociones ¡Qué he de hacer? Tu ensoñación me envuelve en el deseo febril de mis noches en delirio.

La moral como tú dices en este mundo es relativa, la sociedad que se gestó y ha surgido en esa desastrosa época de colonialismo es perniciosa y farsante, por eso no debimos actuar como tú bien dices, sino al llamado de nuestros corazones. Soy tuyo del alma,

Bolívar

~

Cuartel General en Pucará, a 17 de junio 1825

Mí adorada Manuelita:

Mi amor, me gustó mucho lo que dices que has ido a rezar, porque en verdad todos debemos tener fe en que estaremos juntos muy pronto; pero para ello trataremos de ser cada día mejores, más buenos que el anterior; aunque sobra decírtelo porque tú naciste buena y humanitaria, por esto me siento plenamente orgulloso de ti, porque sé de tus caridades y benevolencias. Me encanta que seas piadosa (aunque no lo eres tanto), amén de que te desvives por los desposeídos. De paso sé qué haces respetar la imagen de la República con fervor y ahínco, sólo que esto te trae mil contrariedades.

Cada vez que recuerdo tu hermosa figura viene a mí el goce de las noches de amor interminables donde tú eres la amante deliciosa; somos dos seres absorbidos por el amor que nos es esquivo, en tanto tus obligaciones y las mías distan mucho de acercarse por la poca o nada similitud de las mismas.

Si tuvieras obligaciones acá, entonces seríamos más dichosos pues, tu trabajo tendría que ver conmigo, esto claro es una suposición; entonces no nos separaríamos más.

Tuyo de corazón y de alma,

Bolívar

~

Cuartel General en el Cuzco, 10 de Julio de 1825

Benevolente y hermosa Manuelita:

Ahora todo tiene significado de la grandiosidad de ser libres, transformándose en Gloria con sabor a triunfo. He tomado muy en cuenta tu estimación sobre las apreciaciones que tiene Santander sobre mí, y yo le he escrito con mi acervo de propiedad y cultura, ampliando su concepto que de mí se lleva: Mi cultura adquirida por el contacto de mis ilustres amistades, por el permanente saber en las insaciables fuentes de valiosos libros y la inteligencia con la que la Divina Providencia me ha distinguido. Te remito copia de la misma por considerarla ilustre dentro de mi modestia, pues no tengo blanduras con nadie y menos con Santander. En lo que respecta a mi condición e integridad de ciudadano y hombre libre, él lo sabe.

Tuyo,

Bolívar

~

Lima, a 14 de Julio de 1825

A.S.E.

General SIMÓN BOLÍVAR

Mi amor idolatrado:

Hoy he recibido su apreciable del 16 de junio próximo pasado, que luego de leer con viva emoción me ha puesto a reír, cantar, llorar y bailar de emoción y alegría. Hasta la llegada de esta he fumado tantos cigarros que estoy ronca y con voz grave por lo que Nathán se ha puesto a ridiculizarme que, casi la mato de un abrazo, como si fuera usted.

Déjeme usted estar feliz con mis caprichos y mis voluptuosidades que desde luego contaré con detalle a Usted, que sé usted gozará en inmensidad de sus placeres mentales peregrinos.

¡Bastante bien se ha llevado usted mi imagen pues, no la pierda nunca! Sigo siendo bella, provocativa, sensual y deliciosa. ¡Ah! Mis encantos son suyos y cualquier sacrificio no sería nada, con tal de estar en la proximidad de Usted.

Tiene su recuerdo tal cúmulo de retratos qué, me hacen ruborizar, pero de deseo sin romper mi intimidad o mi modestia.

Presto he terminado la lectura de su carta y me dedico a contestarle esta, en la invariable seguridad de que usted me seguirá escribiendo cartas de amor que son el pretexto de seguir con vida. Lo amo tanto, que me sentí morir cuando S.E. partió. Yo no podría vivir sin siquiera recibir alguna noticia suya.

¡Ve usted mi vehemencia con que lo pienso! Suya,

Manuela

~

La Paz, 29 de Septiembre de 1825

A MANUELA la bella

Mí adorada Manuelita:

¡Vale más un grano de cebada que un hombre ansioso en espera del amor! Porque este es un derecho de nostalgia. ¡Yo que me jacto de tranquilo, estoy en penumbras de mi desasosiego! No, sólo pienso en ti, nada más que en ti y en todo lo que tienen de deliciosas tus formas.

Lo que siempre está en mi mente atormentada por tus bellos recuerdos, es la imagen de lo que imagino en perenne fervor de tu amor y el mío.

¡Tú solamente existes en el mundo para mí! Tu prístina pureza y rocío tutelar es como un ángel que da ánimo necesario a mis sentidos y mis deseos más vivos. Por ti sé que voy a tener la dicha inmensa de gozar los placeres de este y del otro mundo (el del amor), porque desde el principio supe que en ti existe todo lo que yo ansío en mis caros anhelos.

No tildes mi actitud de indiferente y poco detallista al igual que falta de ternura. Mira que esta distancia de un sitio a otro del que tú y yo estamos, sólo sirve para alimentar en mayor escala el fuego creciente de nuestras pasiones. Al menos a mí me aviva la delicia de tus recuerdos.

Olvida esa catarata de inválidas sospechas sobre mi fidelidad hacia ti que, sólo van a envejecer tu ánimo y descarriar tus buenos deseos. Recapacita en todo lo que tú no puedes negarme, aún a través de la distancia y hazlo por mi veneración hacia ti.

Contestadme: al menos esta que lleva la fiebre de mis palabras. Ya me cansé de hacerlo yo sin tus respuestas. ¡Oh ingratitud indolente!

¡Hazlo en favor de una orden expresa de tu más fino adversario en los campos del amor! Si no, atiende al próximo "Consejillo de guerrilla": por indisciplina e insubordinación, el faltar acatamiento a una orden superior.

Para la más bella y adorada de mis oficiales,

"Manuela la quisquillosa".

Soy tuyo de corazón, Bolívar

~

Cuartel General en Potosí, a 9 de octubre de 1825

A la Señora

MANUELA SÁENZ

Mí hermosísima Manuela:

Me encuentro verdaderamente eufórico hoy por haber recibido noticias tuyas y traídas de Heres. Aún no encuentro el tiempo adecuado para sentarme a escribirte largo. Mi condición exige por ahora otras pruebas y todo es pasado sin que se tenga más que comentar de los asuntos de la nueva Administración pública aquí. Pasaré a Chuquisaca donde me alcanzará Sandes para cuando él regrese.

Mi pasión hacia ti se aviva con la brisa que me trae tu aroma y tu recuerdo. ¿Existes y existo para el amor, o no? Ven para deleitarme con tus secretos. ¿Vienes?

Tu amor idolatrado de siempre,

Bolívar

~

Chuquisaca, a 23 de enero de 1826

General SIMÓN BOLÍVAR

Muy Señor mío:

¿Mi amor que tal el viaje? En la faltriquera le hice poner unos bocadillos, ¿los comió usted? Eran de sorpresa de lo mucho que lo amo, para que usted piense en mí como yo lo hago con usted.

Páselo bien y recuérdeme siempre.

De su amor desesperado para mi hombre único,

Manuela

Chuquisaca, a 8 de Febrero de 1826

General SIMÓN BOLÍVAR

Mi amor: yo me siento muy afligida por la circunstancia de usted. No puedo más con mi pasión que lo venera a Ud. Ya conoce mis sentimientos y todo lo que es para mí. Me reanima el saberlo dentro de mi corazón.

Lejos de mí Libertador no tengo descanso ni sosiego, solo espanto de verme tan sola sin mi amor de mi vida. Usted merece todo y yo se lo doy con mi corazón que palpita al pronunciar su nombre.

Manuela que lo ama, locamente

~

Chuquisaca, a 15 de Febrero de 1826

General SIMÓN BOLÍVAR

Escribo muy de prisa porque parte ahora mismo el General Sandes para la Magdalena. Me dicen que usted ya se instaló.

¿Cómo lo pasa sin mí? Yo acá estoy muriéndome de ganas de verlo.

Tanto que lo adoro y usted no me contesta ninguna. ¿Se encuentra muy ocupado?¿Yo igual pero siempre pienso en Ud. Piensa usted en mí?

Su Manuela

~

Chuquisaca, a 26 de Febrero de 1826

General SIMÓN BOLÍVAR

Mi amor: he tenido la gran satisfacción de recibir noticias frescas que me han causado la alegría más viva por el recibimiento en triunfo a V.E. en Lima, cosa que me honra en lo que a mí me toca.

Yo también lo admiro (y no estoy celosa) y me empeño de que las cosas acá salgan bien en su nombre. Sé que usted en todas partes es admirado y yo me halago por ello con la confianza de que Usted está pensando en mí, como lo hago yo con usted.

Su Manuela

~

Chuquisaca, a 17 de Marzo de 1826

General SIMÓN BOLÍVAR

Mi amor: Le escribo a usted diciéndole que me conteste al menos esta. Su Manuela quiero darle el fervor de mi corazón ¿lo recibe Usted?

¡Yo lo amo de verdad y usted a mí no! Y punto.

Se fue sin que la distancia le causare el más leve remordimiento, así está de acostumbrado.

Suya. Manuela

~

La Magdalena, a 16 de Abril de 1826

Adorada Manuelita:

Hoy empiezo un régimen disciplinario que me es útil en el desempeño de mis posteriores acciones. Dormiré pocas horas, brindaré culto a la templanza y la castidad; virtudes merecedoras del respeto del hombre.

Mis ejercicios empezarán al despuntar el alba y mi dedicación será la correspondencia en la que tú no serás excluida bajo pretexto de mi condición. No! Por el contrario, tu imagen absorbe mis pensamientos en la cálida hermosura de tus recuerdos que me hacen sufrir tanto. Vital es que no me olvide de ti, pues atesoro mil esfuerzos por conseguir tales disciplinas en el intento de encontrarme más activo para cando tú y yo estemos juntos.

Siempre tuyo,

Bolívar

~

Lima. Abril 20 de 1826

Mí adorada Manuelita:

Tú me acechas entre el hecho de las acacias y los cedros, aprisionando mi pobre humanidad entre tus brazos. Yo me entrego a tal prisión como raptado por el encanto de tu sutil sonrisa y tu audacia, en méritos estratégicos para aparecerte como Diana en los jardines de Odiseo. Contigo estoy dispuesto a llenarme exasperado de las satisfacciones propias del amor. Este altar de Venus vale bien trocarlo por el trajín del servicio a Marte; en el que pondré también mi más caro empeño en la magnitud de mis esfuerzos. Espérame en el huerto de "Chuquiguada", con tu vivaz encantamiento de sorpresas.

Te amo,

Bolívar

PD. El viaje me demoró 18 días hasta Chuqui...

~

Pasto, a 13 de octubre de 1826

Mí adorada Manuela:

Recibí tu carta del 29 de septiembre, justamente en el momento más ocupado; ocupación que he dejado de lado por satisfacerme y atender tus dulces palabras qué, convierten a mi corazón en el reloj desacompasado por la nostalgia.

Tú sola me has robado el alma y yo me ocupo sólo de pensar en ti. Nada distrae más mi atención y mis ocupaciones que el interrogante de tu mirada sobre mi amor a ti.

¿Qué diré yo si no te tengo junto a mí? ¡Hagamos juntos un propósito! Que sea a la hora del té, cuando tú te conviertas en mis pensamientos y los míos se vayan con los tuyos. ¿Te gusta?

De todas maneras, esta conexión sólo tiene su triunfo, en la esperanza que tengo de regresar y confundirme con tu aliento.

Tu amante idolatrado,

Bolívar

~

Bogotá, Julio 29 de 1828

Simón mi hombre amado:

Estoy metida en la cama por culpa de un resfrío, pero esto no disminuye mi ánimo en salvaguardar su persona de toda esa confabulación que está armando Santander ¡Dígame Usted! Que por ésta pesqué el resfrío: por asistir a una cita supe esta tarde a las 10, donde se me indicaron los planes malvados contra su Ilustre persona que ya perfeccionan Santander, Córdoba, Crespo, Serena y otros, incluidos seis ladinos.

Incluso en acordarlo el santo y seña. Estoy muy preocupada y si me baja la fiebre voy por Usted, que es un desdichado de su seguridad.

Manuela

~

Bogotá, Agosto 1° de 1828

General SIMÓN BOLÍVAR

Señor mío:

Le ruego por lo que más quiera en este mundo (que no soy yo), no asista a ese baile de disfraces; no porque Usted se encuentre obligado en obedecerme, sino por su seguridad personal que en mucho estimo; cosa que no hacen sus Generales, ni la guardia. Desista Usted por Dios de esa invitación, de la cual no se me ha hecho llegar participación, y por esto haré lo que tenga que hacer, en procura de su desistimiento. Sabe que lo amo y estoy temerosa de algo malo.

Manuela

~

Bogotá, agosto 7 de 1828

Señor General SIMÓN BOLÍVAR

Muy Señor mío:

Tengo a la mano todas las pistas que me han guiado a serias conclusiones de la bajeza en que han incurrido Santander y los otros, en prepararle a Usted un atentado. Horror de los horrores. Usted no me escucha, piensa que sólo soy mujer. Pues sepa usted que sí, además de mis celos, mi patriotismo y mi grande amor por Usted, está la vigilia que guardo sobre su persona que me es tan grata para mí. Le ruego, le imploro, no de Usted la oportunidad, pues han conjurado al golpe de las doce ¡asesinarlo! De no escucharme usted me verá hacer hasta lo indebido por salvarlo.

Manuela

~

Cartagena, a 20 de septiembre de 1830

Mi adorada Manuelita:

Tú me reprochas el haberte dejado. ¿Acaso no fue siempre lo mismo? Temprano el día y el calor de tu cuerpo era el mismo vacío de esa estancia. Las circunstancias adversas al sentimiento de estos dos pobres seres mendigos del amor, las impidieron todo.

Ahora viejo y sin fuerzas, solo tú eres la inspiración de lo que en mi agoniza. Un hombre como yo metido en esta rutina que martiriza mi alma. Siento la necesidad de tu compañía. A los demás no los tolero, es más, provocan en mí lo impredecible de mi conducta que, con denuestos inmerecidos les respondo a quienes siempre me han servido. Ven te ruego, calma mi angustia y lo senil de mis antojos.

Tuyo siempre,

Bolívar

~

Turbaco, a 2 de octubre de 1830

Mí adorada Manuelita:

Tu Manuela mía, más de tu férrea voluntad y te resistes a verme. Tu influencia sobre mi espíritu ya no está más conmigo, turbado por la circunstancia de la amistad y el dolor de separarme para siempre de la Patria, que me dio la vida, no encuentro consuelo. Donde te halles, allí mi alma hallará el alivio de tu presencia, aunque lejana. ¡Si no tengo a mi Manuela, no tengo nada! En mí solo hay los despojos de un hombre que sólo se reanimará, si tú vienes. Ven para estar juntos.

Ven te ruego.

Tuyo,

Bolívar

~

Soledad, 10 de septiembre de 1830

Adorada Manuelita:

Tu conducta y la mía que estrechan nuestra relación, son el cúmulo de la sensualidad que corre por tus venas y las mías, dándole a esta pasión enfermiza el desenfreno de mis sentidos irritados, por el mal que ha invadido ya mi pobre humanidad, y todo esfuerzo que consigo por el trajín continuo del trabajo intelectual y físico, casi desborda en el vivo interés que me hace recordarle.

No te hagas esperar, ven por favor, te ruego pues muero ahora y sé que tú me piensas vivo.

Soy tuyo,

Bolívar

~

FIN